Helene Lange

Frauenbildung

Verlag
der
Wissenschaften

Helene Lange

Frauenbildung

ISBN/EAN: 9783957002013

Auflage: 1

Erscheinungsjahr: 2014

Erscheinungsort: Norderstedt, Deutschland

Hergestellt in Europa, USA, Kanada, Australien, Japan
Verlag der Wissenschaften in Hansebooks GmbH, Norderstedt

Frauenbildung.

Von

Helene Lange.

Berlin 1889.

L. Oehmigke's Verlag.

(R. Appelius.)

55. Kommandantenstraße 55.

Es gehört zu den Wahrzeichen unserer Zeit, daß alle großen Tages- und Monatsblätter für die Frauenfrage ihre Spalten offen haben, daß unzählige Broschüren, ja dickleibige Bände sich mit ihrer Lösung beschäftigen. Mehr und mehr kommt sie derselben in allen Kulturländern nahe, und in neuester Zeit begegnen wir häufig in fremden und einheimischen Blättern der Notiz, daß die Deutschen das einzige und letzte große Kulturvolk seien, das seine Frauen unter dem Druck mittelalterlicher Fesseln läßt, das ihnen ihres Geschlechts wegen die Stätten höherer Bildung, die Vorbedingungen jeder höheren Berufsthätigkeit und diese selbst versperrt, und damit die Lösung der Frauenfrage, die hier, wie überall, nur durch eine Mündigmachung der Frau zu erreichen ist, unmöglich macht. Die Widersinnigkeit dieser Verhältnisse wird von Frau Kettler unleugbar richtig dargelegt: „Die heutige Erziehung der Frau erhält sie wirtschaftlich unmündig, begiebt sich aber trotzdem der Verpflichtung, die Unmündige zu versorgen. . . . . Ein Kind ist unmündig — dafür wird es versorgt. Die Frau wird unmündig erhalten — dafür soll sie sich selbst versorgen. Dem Kinde wird gesagt: „bist du hungrig? hier hast du Brot, iß!“ Der Frau wird gesagt: „bist du hungrig? verschaff dir selbst Brot. Dort oben liegen eine Menge Brote, siehst du dort oben, wenn du die erreichst, darfst du davon essen, so viel du willst; du darfst aber nicht jene Leiter benutzen, sie dir herunterzuholen, die ist für die Männer da. Vielleicht kommt aber eins der Brote zu dir herunter.

1*

Hab' nur Geduld, vielleicht kommt eins von selbst herunter, nur Geduld!"*)

Woran liegt es nun, daß die deutschen Frauen nicht er= reichen können, was bei allen anderen Kulturvölkern gelang? Liegt es an den Frauen selbst? Oder an den Männern? Oder an nicht zu beseitigenden äußeren Verhältnissen? An der Be= antwortung dieser Frage liegt offenbar viel; sie muß entschei= bend sein für die von uns zu betretenden Wege. Das Studium der Entwickelung der Frauenfrage bei anderen Nationen giebt uns vielleicht eine Handhabe; das stammverwandte England erscheint am geeignetsten zu solcher Betrachtung. Es wird sich dabei darum handeln, festzustellen, worin das Typische der dort so glücklich durchgeführten Bewegung liegt; die Besonderheiten in der dortigen Entwickelung, die sich etwa auf nationale Eigen= tümlichkeiten zurückführen ließen und die ihre Äußerung in spezifisch englischen Einrichtungen gefunden haben, können selbst= verständlich nicht Gegenstand der Nachahmung sein. Was aber die Engländerin bei dieser Bewegung geleistet, tritt weit zurück hinter das, was die Frau geleistet, das Nationale zurück hinter das Internationale. Denn die Frauenfrage ist eine inter= nationale. Gemeinsame Kulturinteressen verbinden die Frauen aller Länder, und es ist ein schöner Zug in der noch so jungen Bewegung, daß ein neidloser, von gegenseitiger Hochachtung zeugender Austausch der Interessen, eine gegenseitige Anerken= nung zwischen den Frauen der verschiedenen Nationen besteht, die nicht immer den Männern eigen ist. Und darum lernen wir gern von einander.

Ich will vorausschicken, daß ich gewarnt worden bin, zu sagen, was ich in den folgenden Blättern zu sagen habe. Einmal heißt es: die Zeit sei jetzt für Frauen ungünstig; zweitens: man müsse fürchten, eine Sache in Deutschland zu diskreditieren, wenn man von ihr rühme, sie habe sich in England bewährt. Darauf antworte ich 1) daß ich nicht absehe, wie die Zeit durch bloßes

*) Frauenberuf, herausgegeben von Frau Kettler, Jahrg. II, Jan. 1888, Heft 1, S. 16.

Abwarten und Stillschweigen für die Frauen günstiger werden soll; 2) daß Tagesvorurteile der Menge und unselbständiger Geister möglicherweise — wenn man überhaupt zugeben will, daß die Wahrheit je diplomatisch behandelt werden müsse — in Betracht kommen könnten, wenn ich es mit der Menge zu thun hätte; da aber die vorliegenden Blätter sich an die Denkenden in der Nation richten, so sind solche Erwägungen überflüssig. Und darum auch ohne weitere Vorrede:

Ueber die heutige englische Mädchen= und Frauenbildung sind in Deutschland vielfach irrige Meinungen verbreitet. Wir haben in den letzten zwanzig Jahren dem Bildungswesen fremder Völker vielleicht weniger Aufmerksamkeit geschenkt als es verdient, und über die damit vorgenommenen Reformen scheinen kaum die engsten Fachkreise einigermaßen unterrichtet. So hört man denn bei uns immer wieder die englische Mädchenbildung als eine überaus geringwertige bezeichnen. Das liegt an einigen leicht zu überschauenden Umständen. Vor etwa zwanzig Jahren nämlich war auch das herbste Urteil über die englische Mädchen= bildung zutreffend; sie konnte einfach nicht schlechter sein. Wer um diese Zeit in England war, hat dies Urteil mitbringen müssen, und man weiß, mit welcher Zähigkeit ein einmal ge= sprochenes Urteil in der öffentlichen Meinung haftet.

Sodann fußt man auf Erfahrungen, die man hier und da in deutschen Pensionaten mit jungen Engländerinnen gemacht hat und begründet darauf ein absprechendes Urteil. Das ist eine sehr leichte Art der Beweisführung. Man kann bekanntlich ein Volk nur in seinem eigenen Lande, nie im Auslande, wo es durch die Sprache, die ungewohnten Verhältnisse 2c. stark benachteiligt wird, studieren. In dem gegebenen Fall kommt zweierlei hinzu. Einmal, daß die Bildung der englischen Mädchen eine durchaus anders geartete ist, als die der un= seren, daß sie also möglicherweise in alten Sprachen und Ma= thematik hier garnicht zur Geltung kommende Kenntnisse haben, während sie in modernen Sprachen, Litteratur und Geschichte hinter unseren Anforderungen zurückbleiben; zweitens und haupt= sächlich, daß der weitaus größte Teil der in deutschen Pensionen erzogenen jungen Engländerinnen Kreisen entstammt, die ihre Kinder auf privatem Wege, durch Erzieherinnen 2c. bilden lassen; ein etwaiger Mangel an Kenntnissen erlaubt also keinen Rückschluß auf die in den höheren englischen Mädchen=Bildungsanstalten gegebene Bildung.

Thatsache ist jedenfalls, daß das Mädchenschulwesen und die ganze Frauenbildung in England in den letzten zwanzig Jahren einen Umschwung erfahren haben, wie er gründlicher nicht gedacht werden kann. Was uns dabei interessieren muß, ist die Art, wie dieser Umschwung zu stande gekommen ist. Die folgenden Kapitel sollen versuchen, darüber zu orientieren.

I.

Die ersten Spuren der Frauenbewegung in England sind schon im vorigen Jahrhundert zu suchen. 1792 veröffentlichte Mary Wollstonecraft ihr »Vindication of the Rights of Woman«; in unserem Jahrhundert setzten Sydney Smith und vor allem John Stuart Mill ihre energischen Bestrebungen, den von Anbeginn der Welt unterdrückten Frauen zu ihrem Recht zu verhelfen, mit den schärfsten Waffen des Geistes fort. Die politische Seite der Bewegung soll hier außer Acht gelassen werden; auf dem Gebiet der Erziehung begann der Versuch, den Frauen den ihnen gebührenden Anteil an der höchsten Kultur ihrer Zeit zu verschaffen und sie zu befähigen, das Ihre zu ihrer Förderung und Verbreitung beizutragen, in den vierziger Jahren unseres Jahrhunderts; die soziale Revolution zu derselben Zeit, in der das kontinentale Europa durch die Stürme einer politischen Revolution heimgesucht wurde. Man fing an einzusehen, daß die Kultur der Frauen die Kultur des Volkes bedeutet. Einflußreiche Personen suchten daher den niedrigen Zustand der Mädchenbildung zu heben, und in der ganz richtigen

Einsicht, daß, wenn die Schulen besser werden sollten, zunächst die Lehrerinnen besser ausgebildet werden müßten, ging man an die Gründung von Anstalten, die erwachsenen Mädchen eine tüchtige Ausbildung geben sollten. Die erste dieser Anstalten, Queens College, wurde im Jahre 1848 mit besonderer Rücksicht auf die Ausbildung von Lehrerinnen und Erzieherinnen in London errichtet. Sie verdankt ihr Entstehen besonders einigen Professoren von Kings College, unter ihnen dem Rev. C. G. Nicolay und dem Rev. F. D. Maurice. Da sich die Vorbildung der Besucherinnen des College häufig als sehr ungenügend erwies, so wurden später Schulklassen angehängt. Die Kurse des College selbst konnten bald erweitert werden und umfassen heute Religion und Kirchengeschichte, elementare und höhere Mathematik, Latein, Griechisch, neuere Sprachen, Geschichte, Naturwissenschaften, Logik, Ethik und Musik.

Queens College ist als das älteste der englischen Colleges immer von großem Interesse, doch giebt es nicht den Typus der jetzigen englischen Frauencolleges.*) Es hat den Charakter, den es bei seiner Gründung erhielt, bis auf den heutigen Tag treu bewahrt. Es ist das einzige Frauencollege, das unter männlicher Leitung steht und befolgt in allerbester Absicht doch seinen Schülerinnen gegenüber ein vorsichtiges Anpassungssystem, das mit strenger Wissenschaft nicht vereinbar ist. Da das aber mit voller Absicht geschieht und ganz offen ausgesprochen wird, so ist dagegen nicht das Geringste einzuwenden;**) das College erfüllt vielmehr, ebenso wie die Kurse, die in Kings College in London

---

*) Der Name College wird in weiterem Sinne in England vielfach auch für Schulen angewendet; im engeren bezeichnet er die Gebäude, in denen in den englischen Universitäten die Studenten gemeinschaftlich leben. Da auch ein großer Teil ihrer Studienarbeit im College selbst abgemacht wird, so ist der Name auch auf solche Anstalten übertragen worden, die eine höhere Ausbildung, besonders eine Vorbereitung auf die Universitäts-Examina gewähren, auch wenn kein Internat damit verbunden ist.

**) „The college does not undertake to provide the full instruction which may be required for the Degree Examinations of the University of London." Queens College Calendar 1888, pag. 35.

neuerdings für Frauen eingerichtet sind, eine wichtige Aufgabe: es vermittelt gebildeten Laien eine nach jeder Richtung hin schätzenswerte Fortbildung und ähnelt darin unserem Viktoria-lyceum.

Eine zweite Anstalt folgte bald. Noch in demselben Jahre (1848) wurde eine Miß Reid in London durch einen Brief über-rascht, der die Mitteilung enthielt, daß ein halbes Dutzend ehren-werter Männer bei einem freundschaftlichen Mahl den unbefrie-digenden Zustand der Frauenbildung besprochen und den Ent-schluß gefaßt hätten, hier Abhilfe zu schaffen, da sie es nicht für richtig halten könnten, daß die mancherlei wohlthätigen Stiftungen zur Erziehung der Jugend einseitig nur für Knaben und junge Männer verwendet würden.

Das halbe Dutzend ehrenwerter Männer und der ganze Brief waren, wie sich bald herausstellte, eine harmlose Erfindung von Miß Reid, die auf diese Weise am leichtesten einen Plan einzuführen hoffte, der ihr sehr am Herzen lag. Sie hatte schon bei der Gründung von Queens College eifrig mitgewirkt, da sie selbst den Mangel einer höheren geistigen Ausbildung sehr leb-haft empfunden hatte, und dachte nun in einem anderen Teile Londons ein zweites College zu gründen, das auch 1849, nach Überwindung großer Schwierigkeiten, als Bedford College eingeweiht wurde.

Auch Bedford College existiert noch heutigen Tages und kann auf eine reiche, gesegnete Arbeit zurückblicken. Viele tüchtige und hochgebildete Frauen, die ihr späteres Leben ganz in den Dienst ihres Geschlechts gestellt und der Frauensache große Dienste geleistet haben, empfingen hier ihre Vorbildung. Erst so ziemlich nach dem Vorbild von Queens College eingerichtet, hat Bedford College später vielfach zeitgemäße Umwandlungen erfahren, ist jetzt mit einem Internat verbunden und bereitet so-wohl zum Eintritt in andere Colleges als auch direkt auf die Examina der Londoner Universität vor.

Es tritt dann eine längere Pause in der Bewegung ein, und erst in den sechziger Jahren, als der elende Zustand der

Mädchenbildung die öffentliche Aufmerksamkeit mehr und mehr auf sich zog, wird sie wieder aufgenommen. Es war klar, daß mehr, weit mehr für die Ausbildung erwachsener Frauen — daß nur Frauen die Leitung der Mädchenerziehung haben könnten, daran zu zweifeln, fiel niemand ein — geschehen mußte, wenn es in den Schulen anders werden sollte, und die Ausbildung der Erwachsenen stieß wiederum auf erhebliche Schwierigkeiten wegen der schlechten Vorbildung. So bewegte man sich in einem Zirkel, aus dem man den Ausgang dadurch gesucht und auch glücklich gefunden hat, daß man zunächst die Schulen durch Einrichtung einer Prüfung zu vermehrter Anstrengung und Sorgfalt zu zwingen suchte. Für Knaben hatten schon seit längerer Zeit die sogenannten junior und senior examinations an den Universitäten bestanden, Examina für das Alter unter 14, resp. 16 Jahren, die dazu dienen sollten, das Vorhandensein des in diesem Alter wünschenswerten, allerdings ja nur bescheidenen Maßes von Kenntnissen festzustellen. Im Jahre 1862 wurde ein Komité gebildet, das die Zulassung zu diesem Examen auch für Mädchen durchzusetzen suchte. 1863 wurde auch ein Versuchsexamen abgehalten, das wenig glänzende Resultate zeigte. Um so eifriger war man um Förderung der Sache bemüht, und es ist besonders den Anstrengungen von Miß Emily Davies zu verdanken, daß 1865 die local examinations zunächst in Cambridge und bald nachher auch in Oxford für Mädchen freigegeben wurden. Wie man auch über diese Examina, die möglicherweise bald zu entbehren sein mögen, an und für sich denken mag, es ist kein Zweifel, daß sie zunächst für die Hebung der Mädchenschulen von großem Wert gewesen sind. Sie zeigten vor allen Dingen, wie erbärmlich es im ganzen mit der Mädchenbildung bestellt war und förderten damit die Erkenntnis, daß hier notwendig in weitem Umfange Abhilfe geschaffen werden mußte.

Mit einer Energie, aber auch mit einem Erfolg ohne Gleichen gingen nun die englischen Frauen ans Werk. In dem kurzen Zeitraum von 20 Jahren hat sich, wie schon erwähnt, in England eine vollständige Umwälzung in der Frauenbildung vollzogen, die allerdings durch den Umstand bedeutend erleichtert wurde, daß das höhere Erziehungswesen in England vollkommen freigegeben ist: es entbehrt dadurch einerseits allerdings der wesentlichen Förderung, die eine ihre Zeit und Aufgabe richtig erfassende Regierung geben kann, hat aber andererseits in ungünstigem Falle auch nicht den ermattenden Kampf zu bestehen, der tüchtige Kräfte nutzlos aufreibt.

Mehr und mehr erkannten die Frauen in England, daß, wenn sie die Bewegung zu Gunsten einer höheren Ausbildung des weiblichen Geschlechts zu einem befriedigenden Ausgang führen wollten, sie nicht mit Untergeordnetem zufrieden sein dürften, sondern nur mit dem Besten, was das Land bot; daß sie, um die Leitung und Erziehung ihres eigenen Geschlechts in der Hand zu behalten, um in der Geschichte und Entwicklung des Landes die wichtige Kulturaufgabe erfüllen zu können, die dem weiblichen Geschlecht zugewiesen ist, auch die Anstrengungen nicht scheuen durften, denen sich der Mann zur Erfüllung seiner Aufgabe unterzieht, daß sie mit einem Wort sich Universitätsbildung aneignen müßten.

Es könnte die Frage nach der Richtigkeit dieses Schlusses aufgeworfen werden. Es ist ohne Zweifel Männern und Frauen eine verschiedene Aufgabe in der Welt zugewiesen; zahlreiche physische und psychische Verschiedenheiten deuten darauf hin und scheinen somit auch eine Verschiedenheit der Vorbereitung zu bedingen. Andrerseits heißt es wiederum: Es giebt nur e i n e Wissenschaft. Gewiß. Aber in der herkömmlichen Art ihrer Ueberlieferung, in den Vorstudien, im ganzen Universitätswesen endlich ist nach dem allgemeinen Urteil so vieles reformbedürftig, daß man fast bedauern möchte, daß auch die Frauen die alten, so vielfach der Ausbesserung benötigten Wege gehen wollen, wo vielleicht kürzere, ihnen gemäßere Wege zu demselben Ziele führen. Aber so wahrscheinlich es ist, daß sie sich mit der Zeit eigene, ihrer Natur gemäße Wege suchen werden, so unterliegt es doch keinem Zweifel, daß sie einerseits dazu augenblicklich noch garnicht imstande sein würden, da sie innerlich noch nicht frei genug dazu sind, daß aber einstweilen auch die Männer keine andere Bildung als gründlich und ausreichend anerkennen würden, als eine der

ihrigen völlig gleiche. Es ist das eine Wahrheit, die wir viel=
fach in Deutschland auch erkennen müssen. So hat die Er=
fahrung z. B. keineswegs gelehrt, daß die bei uns übliche
Vorbereitung auf das höhere Lehrfach gerade eine günstige
Vorbedingung für den Mädchenlehrer sei, und doch wird sie
von den Lehrern selbst für die einzig richtige gehalten, und
jeder Vorschlag, Lehrerinnen für Oberklassen eine tüchtige, für
ihre Zwecke geeignete, aber von der bisher für Männer üblichen
abweichende Vorbildung zu geben, stößt gerade bei den Lehrern,
die es ernst mit der Mädchenschule meinen, auf den Einwand:
das ist keine Wissenschaft. Wenn ich persönlich diesen Einwand
für unberechtigt halte, wenn ich glaube, daß man, auch ohne
in den Fehler der Halbbildung und der Anpassung an die so=
genannten weiblichen Fähigkeiten zu verfallen, doch unbedenklich
einen anderen Bildungsweg als den jetzt üblichen einschlagen,
daß man z. B. den Umweg durch die alten Sprachen sich zum
großen Teil sparen könnte, so verstehe ich doch, daß, wie die
Sachen liegen, die Frauen in England zunächst das Prinzip
aufstellten, genau denselben Studiengang zu verfolgen und die=
selben Examina abzulegen wie die Männer. Wie sie sich innerlich
zu der Frage stellten, darauf werde ich später Gelegenheit haben
zurückzukommen; es waren vorläufig Opportunitätsgründe, die
sie bestimmten: sie wollten die ihnen so oft bestrittene Fähigkeit
nachweisen, zu leisten, was die Männer leisten, und sich so Ver=
trauen in ihre geistigen Fähigkeiten erwerben. Die Universitäts=
kurse und Examina waren bekannt und gangbare Münze; ein
neuer, nach eigener Einsicht und eigenem Urteil eingerichteter
Kursus würde, auch wenn thatsächlich mehr geleistet wurde,
keine Anerkennung gefunden haben. Diese Ansicht wurde mit be=
sonderem Eifer von Miß Emily Davies vertreten, die ihr in einem
1866 erschienenen Buch: the higher education of women
beredten Ausdruck gab. Die Schäden der bisherigen Mädchen=
bildung, die Notwendigkeit einer Änderung, die dazu einzu=
schlagenden Wege finden hier eine ebenso gründliche als stilistisch
gewandte Erörterung. Einiges daraus mag nur für englische

Zustände Bedeutung haben; das meiste ist auch für unsere deutschen Verhältnisse völlig zutreffend.

Mit großem Ernst weist E. Davies auf die Gefahr hin, die darin liegt, junge Mädchen gerade in dem Alter, das am aller= wichtigsten für die Bildung des Charakters erscheint, in dem Alter zwischen Schule und Heirat, völlig ohne ernste geistige Beschäfti= gung zu lassen, sie höchstens als Dilettanten allerlei Liebhabereien betreiben zu lassen, oder geradezu das Vergnügen zu ihrem Lebens= zweck zu machen. Was soll nun statt dessen geschehen? Die Ant= wort hängt offenbar von den Umständen ab. Handelt es sich um Töchter der besseren Stände (ladies), so sollten sie eben »the education of a lady«, das ist die höchste und feinste Kultur ihrer Zeit erhalten. „Die Gewohnheit scharfen Denkens und die Feinheit des Geistes, die den studierten Mann auszeichnet, sollte man nicht weniger in der Erziehung der Frauen als in der der Männer zu erreichen suchen. Das würde richtig sein, wenn es sich auch nur um den Reiz handelte, den hohe geistige Ausbildung dem geselligen Verkehr verleiht, einen Reiz, der auf keine andere Weise zu erreichen ist. Aber davon ganz ab= gesehen sind die Pflichten der Frauen aus den höheren Stän= den derart, daß sie sowohl die verschiedenartigsten Kenntnisse als einen wohldisziplinierten Geist und Charakter verlangen. Es kommen häufig schwierige Fälle sittlich = sozialer Fragen vor, in denen Frauen handeln und die Handlungen anderer leiten müssen. Wie wenig fähig sie auch dazu sein mögen, die Verantwortlichkeit für ihre Handlungsweise und ihre Entschei= dung liegt doch auf ihnen. Und obgleich die natürliche Klugheit und der glückliche Instinkt, von denen wir so viel hören, ihnen oft zu Hilfe kommen, so müssen wir andrerseits auch mit Vor= urteilen und falschen Impulsen als störenden Elementen rechnen, die leicht gründlich irre führen. Der Wert, den ein durchgebil= deter Geist, der imstande ist, verwickelte Deduktionen zu ent= wirren und eine Menge streitender Interessen nach ihrem Wert abzuschätzen, für die Behandlung schwieriger sozialer Fragen hat, sollte, meinen wir, genügend ins Auge fallen. Es würde wohl ratsam (worth while) erscheinen, den wunderbaren unbewußten

Inſtinkt, durch welchen nach allgemeiner Vermutung Frauen
auf richtige Schlüſſe verfallen, niemand weiß wie, gegen die
bewußte Fähigkeit einzutauſchen, ruhig und mit Verſtändnis
alle Thatſachen eines Falles ins Auge zu faſſen und danach
ſeine Handlungsweiſe einzurichten, mit klarer Anſchauung des
wahrſcheinlichen Ausganges. Natürlich wird eine rein gelehrte
Erziehung dieſe Fähigkeit nicht geben. Kenntnis der Welt und
der menſchlichen Natur, die nur durch Beobachtung und Erfahrung zu erlangen ſind, gehen weiter als bloßes Bücherwiſſen.
Aber die Gewohnheit der Unparteilichkeit und der Ueberlegung,
die Gewohnheit, ein weites Gedankenfeld zu überblicken und, ſo
weit es das menſchliche Auge vermag, in das Innere der Dinge
zu bringen — die ſogar auch durch echtes Bücherſtudium allein
erworben werden kann — wirkt auf eine Geiſtesdisposition hin,
die der Betrachtung von verwickelten Fragen jeder Art günſtig
iſt. Ein Vergleich zwiſchen dem Urteil eines wiſſenſchaftlich
gebildeten und dem eines ungebildeten Mannes über Dinge, die
feine Unterſcheidung und Gedankenſchärfe erfordern, zeigt den
Grad, in welchem der Intellekt durch Ausbildung für ſolche
Aufgaben fähig gemacht werden kann. Eine umfaſſende und
weitherzige Geiſtesbildung iſt wahrſcheinlich auch das beſte
Korrektiv der Neigung, die Dinge unter kleinlichen Geſichts-
punkten zu ſehen, und iſt darum beſonders für Frauen wün-
ſchenswert, die der „Geſellſchaft“ den Ton zu geben haben.“[*]

Eben ſo wichtig oder wichtiger noch wird die gründliche
geiſtige Durchbildung der „erſten“ Frauen eines Volkes, wenn
es ſich um wichtige ſoziale Einrichtungen zum Wohl der ärmeren
Klaſſen handelt, um Hoſpitäler, um geſundheitliche Reformen,
um Erziehungsfragen. Auch hier erſcheint ein klarer, im Denken
geübter Kopf eben ſo wichtig als ein warmes Herz. — Daß
endlich ein gründliches Studium für diejenigen nötig iſt, die
unterrichten wollen, liegt auf der Hand. „Die Mangelhaftigkeit
der Ausbildung der Lehrerinnen und Erzieherinnen iſt ein Nachteil, den auch ein hohes Maß von Verſtand und gutem Willen

[*] E. Davies, The Higher Education of Women. London 1866, pag. 73 ff.

ihrerseits nie ganz ausgleichen kann. Es ist offenbar, daß die
erste Notwendigkeit für diejenigen, welche Kenntnisse mitteilen
sollen, ist, solche zu besitzen, und es ist eine der größten Schwie=
rigkeiten für Lehrerinnen, daß von ihnen verlangt wird, andere
zu unterrichten, während sie selbst sehr ungenügend unterrichtet
sind. Die Ernsteren und Gewissenhafteren unter ihnen widmen
ihre Mußestunden fortgesetzten Studien, und es mag unzweifel=
haft viel auf diesem Wege erreicht werden; aber nur durch
Überarbeitung, oft auf Kosten der Gesundheit; der Nachteile
des Alleinarbeitens, ohne Lehrer, oft ohne gute Bücher und
ohne den gesunden Sporn der Kameradschaft, garnicht zu ge=
denken."*)

E. Davies weist hierauf die zahlreichen Einwände, in denen
die Männer so erfinderisch sind, wenn es sich um Hebung
der Frauenerziehung handelt, gebührend zurück, und verlangt
dann mit völlig richtiger Einsicht in das Unbefriedigende und
Dilettantische eines unbeaufsichtigten und ziellosen Lernens auch
für Frauen eine dem englischen Universitätsexamen (degree-
examination) gleichstehende Prüfung. Von der Einsetzung eines
solchen Examens erwartet sie eine Hebung der ganzen Frauen=
bildung; die colleges und Schulen würden genötigt werden,
darauf Rücksicht zu nehmen, und vor allem würde die Be=
schaffenheit der Lehrkräfte einer strengeren Kontrolle unterworfen
und dadurch allmählich gehoben werden. Sie schließt mit einem
Hinweis darauf, daß viele der Unterscheidungen zwischen „männ=
lichen und weiblichen Beschäftigungen", „männlichen und weib=
lichen Eigentümlichkeiten", ganz willkürlich gemacht und dem
gegenwärtigen Zustand der Dinge entnommen sind; wie sie
auch schon im Laufe der Untersuchung darauf hingewiesen hat,
daß vieles von dem, was die Frauen jetzt verlangen, ihnen
früher anstandslos bewilligt worden ist, so daß die jetzige Be=
wegung nur den alten Zustand wieder herstellen will, während
die Verteidiger des jetzigen Zustandes als Neuerer anzusehen
sind. „Thatsachen zu schaffen," sagt sie, „und dann von ihnen

*) a. a. O. S. 80 f.

auszugehen, als ob sie das Resultat eines unabänderlichen Ge=
schicks wären, ist eine Methode, die nur so lange überzeugt, als
das Vorurteil ihr zu Hilfe kommt. „Jeder nach seiner Fähig=
keit", „jedem Arbeiter die Arbeit, zu der er geeignet ist", das
sind Sätze von unbezweifelter Gültigkeit. Aber wer kann für
einen anderen, — mehr noch, wer kann für die Hälfte des
menschlichen Geschlechts sagen: dies oder das ist das Maß
deiner Fähigkeit; diese und keine andere die Arbeit, die du im=
stande bist auszuführen. „Sache der Frau," sagt man, „ist,
zu helfen" (oder, wie wir es ausdrücken würden: die Frau
soll die Gehülfin des Mannes sein). Gewiß ist dem so. Und
ist es etwa Sache des Mannes, zu hindern? Die unbe=
stimmte Erklärung, daß Frauen helfende Engel sein sollen, ist
keine Antwort auf die praktischen Fragen: Wem sollen sie helfen
und wie? Die leichte Lösung, daß ihre Natur sie darauf hin=
weist, das zu thun, was die Männer nicht thun können oder
nicht so gut thun können, ist nie praktisch durchgeführt worden,
insofern alles, was es in der Welt zu thun giebt, die Besorgung
kleiner Kinder allein ausgenommen, von Männern gethan wird,
und es giebt nichts, was ein unterrichteter Mann nicht besser
thun könnte, als eine ununterrichtete Frau." *)

E. Davies berührt endlich noch die Frage: was soll
werden, wenn Frauen die Berufe der Männer mit ergreifen und
ihnen so Schaden zufügen; eine Frage, die kaum so dringlich
erscheint, als die Gegenpartei sie hinzustellen liebt, da wohl,
so lange die Welt steht, die größere Mehrzahl der Frauen in
der Sorge um die Ihren, in der Erziehung der Kinder aus=
reichende und sie voll befriedigende Beschäftigung finden wird.
Ein etwaiges Berufsleben wird bei ihnen höchstens ein Zwischen-
stadium bilden, das aber in mehr als einer Beziehung heilsam
wirken kann. „Wird nicht das Eindringen der Frauen in schon
überfüllte Berufszweige und Gewerbe," heißt es a. a. O. S. 173 ff.,
„die Lohnsätze erniedrigen und so, indem es die Männer weniger
fähig macht, ihre Familien zu erhalten, auf die Dauer mehr

*) a. a. O. S. 171 f.

schaden als nützen? Was die Art und den Grad betrifft, in welchem der Arbeitsmarkt durch die vorgeschlagene andere Ordnung (readjustment) beeinflußt werden könnte, so ist es schwer, irgend etwas mit Bestimmtheit vorauszusagen. Es ist unmöglich, im Voraus zu bestimmen, wie viel Frauen das, was (mit einer sehr deutlichen petitio principii) Männerarbeit genannt wird, ergreifen werden, und einen wie großen Teil ihres Lebens sie dem widmen würden. Wenn Frauen, die so wie so für ihren Lebensunterhalt arbeiten müssen, es in einer bisher ungewöhnlichen Weise thun wollen, so liegt es auf der Hand, daß genau in dem Maße, in welchem ihr Eintritt in einen neuen Beruf hier die Lohnsätze erniedrigen würde, er andrerseits auf eine Steigerung derselben in einem anderen, den sie sonst ergriffen hätten, hinwirken müßte, und so wäre das Gleichgewicht wieder hergestellt. Wenn andrerseits Frauen sich nicht selbst erhalten, so werden sie von irgend jemand anders erhalten und verzehren entweder gegenwärtigen Erwerb oder angehäufte Ersparnisse. Sie vom Gelderwerben zurückhalten hindert sie nicht es auszugeben. Wir wollen den nicht eben wahrscheinlichen Fall voraussetzen, daß die Einführung der Frauen in den ärztlichen Beruf den Durchschnitts-Honorarsatz um ein Drittel ermäßigte, in welchem Falle das Einkommen eines gewöhnlichen Arztes in demselben Verhältnis vermindert werden würde. Setzen wir nun gleichfalls den durchaus nicht unwahrscheinlichen Fall voraus, daß die Frau oder die Schwester oder die Tochter des Arztes in der Ausübung ihres Berufs eine Summe verdienen würde, die dem Drittel, das er verloren hat, gleichkommt. Augenscheinlich würde dann der Arzt und seine Familie nicht besser und nicht schlimmer daran sein als vorher. Das Publikum würde inzwischen um so viel reicher sein, da es den ärztlichen Beistand um ein Drittel billiger erhält. Was auch immer die augenblickliche Wirkung der Zulassung von Frauen zu irgend einem Beruf sein möge, eins ist gewiß, es kann niemals im Interesse der Gesellschaft liegen, rein vom ökonomischen Standpunkt aus, irgend eine Klasse ihrer Mitglieder im Müßiggang zu erhalten. Ein Mann, der einen seiner Arme in einer Schlinge

tragen würde, um dem andren größere Wirksamkeit und Bedeutung zu sichern, würde für wahnsinnig gehalten werden. Das
eine freie Glied würde vielleicht etwas Extra-Geschicklichkeit ab-
normer Art bekommen, aber es ist augenscheinlich, daß, im
ganzen genommen, der Mann verlieren würde. Mit dem
politischen Körper steht es genau ebenso. Vom ökonomischen
Standpunkt aus ist es durchaus richtig, daß jedermann arbeite.
Die Schwierigkeiten, welche existieren, sind sittlicher oder ästhetischer
Natur und erfordern zu ihrer Lösung Betrachtungen ganz andrer
Art als die, welche die verhältnismäßig leicht zu lösende ökono-
mische Frage anregt."

II.

Miß Davies' Buch hatte nur in Worte gefaßt, was in den
sechziger Jahren viele Köpfe und Herzen bewegte, und die hier
ausgesprochenen Ideen tauchten unaufhörlich in der Diskussion
der Tagesblätter wieder auf und fanden die entschiedenste
Billigung und Unterstützung bei einflußreichen Männern. Man
beschloß schließlich, einen Versuch zu wagen, den Frauen die
Universitätsstudien zu erschließen. Im Jahre 1869 wurde in
Hitchin, einige Stunden von Cambridge entfernt, ein Haus ge-
mietet, und einige der ersten Universitätsprofessoren, die das
größte Interesse an dem Experiment zeigten, erklärten sich bereit,
troß der damit verbundenen großen Opfer an Zeit und Be-
quemlichkeit, die Leitung der Studien zu übernehmen. Im
Oktober 1869 fanden sich sechs Frauen in Hitchin zusammen,
um das neue und kühne Unternehmen zu beginnen. Sie waren
nur mit den Elementen der alten Sprachen und der Mathematik
bekannt, und die bescheidenen Anforderungen des »little-go«*)

---

*) Die englischen Universitäts-Examina zerfallen in vorläufige (in Cam-
bridge „previous" oder im Studentenslang „little-go" genannt) und in Aus-

erschienen ihnen gewaltig hoch. Nach einem Jahre harter und
angestrengter Arbeit unterwarfen sich fünf von ihnen in Cam=
bridge diesem Vor=Examen. Die Examinatoren hatten sich bereit
erklärt, ihre Arbeiten zu prüfen und darüber nach Maßgabe der
Anforderungen der Universität ihr Urteil abzugeben. Das Re=
sultat war günstig, und von den somit zu weiteren Studien
berechtigten Frauen wurde nunmehr das Studium des mathema=
tischen resp. klassischen Tripos aufgenommen und nach mehreren
Jahren weiterer angestrengter Arbeit ehrenvoll absolviert. In=
zwischen war ganz in der Nähe von Cambridge, in Girton, ein
Stück Land gekauft und der Bau eines eigenen College in An=
griff genommen worden. Die Gelder dazu waren teils durch
Hypotheken=Anleihen, teils durch öffentliche Subskription beschafft
worden. „Während der Zeit des Baues," schreibt eine der
Girtonians, eine junge Amerikanerin, deren Bericht die hier ge=
gebenen Data entnommen sind*), „machten Studenten und Pro=
fessoren das College zum Lieblingsziel ihrer Nachmittagsspazier=
gänge und legten manchen Stein als Zeichen ihres Wohlwollens.
Im Jahre 1872 wurde das Institut unter dem Namen Girton
College eröffnet. Im Oktober 1873 wurde das neue Gebäude

tritts=Examina, die wiederum in ein leichteres und ein bedeutend schwierigeres
zerfallen. Das erstere, das degree-Examen, das das Recht verleiht, den Titel
eines bachelor of arts zu führen, ist nicht übermäßig schwer, und in Deutsch=
land ist man, in begreiflicher Unkenntnis englischer Verhältnisse, geneigt, die
Universitätsleistungen danach zu beurteilen. Aber von diesem ordinary degree
denkt der Engländer selbst nicht hoch. Wer wirklich leistungsfähig ist, legt das weit
schwierigere Examen „with honours" ab, in Cambridge „tripos" genannt. Was
die Studentinnen betrifft, so wird von der weit überwiegenden Mehrzahl nach
dem obligatorischen „little-go" das „tripos" in Angriff genommen und fast
ausnahmslos bestanden; für den ordinary degree können sie überhaupt augen=
blicklich nur in nicht offizieller Weise geprüft werden. Auf das englische Prü=
fungswesen und die mancherlei Unzuträglichkeiten, die es hat, die allerdings auch
durch manche Vorteile aufgewogen werden, näher einzugehen, liegt für mich keine
Veranlassung vor. Es ist nicht von Frauen, sondern von Männern eingerichtet
worden und steht mit der Frauenfrage nicht in der geringsten Verbindung. Die
Frauen haben sich selbstverständlich den Einrichtungen zu fügen, die sie vorfinden,
und können für diese in keiner Weise verantwortlich gemacht werden.
*) An Interior View of Girton College, Cambridge 1876.

bezogen, und seit der Zeit ist das Interesse der Universität
Cambridge an ihrem Pflegekind großmütiger als je gewesen."

Der kleine Bericht erschien im Jahre 1876, also kurz nach
der Gründung des neuen College, zu einer Zeit, in welcher die
Universität als solche die neue Einrichtung noch nicht förmlich
sanktioniert hatte, in welcher folglich alles von dem guten Willen
der Professoren abhing. Die Berichterstatterin kann nicht genug
die Aufopferung einzelner Mitglieder der Universität rühmen,
die selbst die sonst so sorgfältig für eigene Studien oder die so
notwendige Erholung bewahrten Nachmittagsstunden bereitwillig
hergaben, um in Girton zu lehren, das damals selbstverständlich noch keine dort wohnenden Lehrkräfte hatte, die ja nur
weiblichen Geschlechts sein konnten. Bei der Schilderung des
Lebens im College empfindet sie die Schwierigkeit, „einen Begriff
von dem gesunden Ton, der dort herrscht, zu geben, ohne in
der Phantasie amerikanischer Leser den falschen Verdacht zu
wecken, als ob sie es mit dem ‚strong-minded type' (den
Emanzipierten) zu thun hätten, der mit Recht so gehaßt wird.
Vielleicht kann man am besten einen Begriff davon geben, wie
falsch eine solche Vorstellung von den Girton-Students sein
würde, wenn man hervorhebt, daß sie sich ihres repräsentativen
Charakters durchaus nicht bewußt sind. Sie scheinen sich durchaus nicht als Vorfechterinnen einer „Sache" zu betrachten; es
ist kaum jemals unter ihnen von ihrer exponierten Stellung
vor den Augen des Publikums die Rede. Es sind treuherzige
englische Mädchen und Frauen, die da arbeiten um der Arbeit
willen, aus freiem Antriebe, freudigen Herzens und völlig frei
von jenem ungesunden Streben nach Anerkennung, das häufig
bei geistig arbeitenden Frauen so unangenehm hervortritt. Die
Hälfte der Studentinnen etwa denkt Lehrerinnen zu werden, nicht
Erzieherinnen, sondern Lehrerinnen an Schulen und Vorsteherinnen von solchen .... Die andere Hälfte der Studentinnen in Girton arbeitet ohne einen bestimmten Beruf im
Auge zu haben."

Seit dem Erscheinen dieses Berichts sind zwölf Jahre ver-
flossen, und Girton College hat ein schnelles Wachstum erfahren.

2*

Das bescheidene Gebäude, das zunächst zur Aufnahme von 19 Studentinnen bestimmt war, hat sich nach allen Seiten hin ausgedehnt und zeigt sich jetzt als ein überaus stattlicher Bau, der in seinem Innern an 100 Studentinnen birgt. Ein solcher Erfolg war nur möglich durch das große und thätige Interesse, das von allen Seiten dem Unternehmen gezeigt wurde. Frauen von Einsicht und Bedeutung, wie Lady Stanley of Alderley, Lady Goldsmith, Lady Ponsonby, Miß Davies, Miß Shirreff, opferten ihm Zeit und Mittel; mehrere Legate deckten einen großen Teil der Baukosten, und die Zukunft des College erscheint jetzt völlig gesichert. Schon haben nach dem Bericht von 1887 seit der Gründung des College 129 Girtonians ihr Examen with honours in Cambridge bestanden, und zwar 44 in klassischer Philologie, 36 in Mathematik, 1 in Mathematik und Geschichte, 22 in Naturwissenschaften, 2 in Naturwissenschaften und Philosophie, 14 in Philosophie, 8 in Geschichte, 1 in neueren Sprachen und 1 in Theologie; außerdem haben 29 Studentinnen das Examen für den gewöhnlichen degree eines Bachelor of Arts bestanden.

Ein überaus reges Leben, innerlich und äußerlich, füllt heute das weite Gebäude. Diejenigen, die einen gänzlichen gesundheitlichen Ruin von einer vermehrten geistigen Anstrengung der Frauen voraussagen, würden erstaunt sein, anstatt der erwarteten blassen, hohlwangigen und überstudierten Blaustrümpfe frische junge Mädchen mit lebhaften Farben und energischen Bewegungen zu sehn. Die außerordentlich liberale körperliche Verpflegung des College trägt dazu ohne Zweifel das ihrige bei; außerdem ist die Arbeit selbst, da die gestellten Anforderungen sich mehr an den Intellekt als an das Gedächtnis wenden, in hohem Grade anregend. Endlich aber ist die belebende Wirkung frischer Luft, kalten Wassers und tüchtiger körperlicher Bewegung, zu der die weiten Rasenflächen vor dem College, ein Turnsaal und die lieblichen Wiesen und Felder um Cambridge um die Wette einladen, einer der ersten Glaubensartikel in Girton. Zu Fuß, zu Pferde und zu Wagen werden alltäglich bei gutem und schlechtem Wetter Ausflüge unternommen, und an jedem schönen Nachmittage kann man die Bälle des lawn-tennis unter dem frischen Lachen der Studentinnen auf dem Rasen vor dem College hin und herfliegen sehen.

Die äußere Disciplin ist auf wenige, in solcher großen Gemeinschaft durchaus notwendige Regeln beschränkt, die sich auf das Ein= und Ausgehen der Studentinnen, Besuche und dergleichen erstrecken. Im übrigen sind die Girtonians völlig frei, und der Gebrauch, den sie von ihrer Freiheit machen, zeigt, daß sie derselben wert sind. Eine gewisse Tagesordnung hat sich fast von selbst gebildet. Der Tag beginnt etwa um 7 Uhr. Um 8 Uhr wird in einem der Unterrichtszimmer eine Morgenandacht abgehalten. Zwischen 8 Uhr 15 Minuten und 9 Uhr bleibt das Frühstück auf dem Tische. Der Morgen gehört dann dem Studium. Die Studentinnen hören zum Teil die in Cambridge stattfindenden Vorlesungen gemeinschaftlich mit den Studenten, oder sie arbeiten mit den im College selbst wohnenden Lehrerinnen (lecturers). Einzelne Vor= lesungen der von Cambridge herüberkommenden Professoren finden auch nachmittags statt. Jede einzelne Studentin findet die sorgfältigste Rücksichtnahme auf ihren Studienplan, und häufig wird je nach Bedürfnis für eine oder zwei Hörerinnen eine eigene Vorlesung eingerichtet. Im ganzen erfahren die Vorlesungen, resp. Unterrichtsstunden, eine sehr gesunde Be= schränkung, die sicher auch nicht wenig zu dem vorzüglichen Gesundheitszustand in den englischen Colleges beiträgt. Statt der 3—5 täglichen Unterrichtsstunden, in denen in unseren Seminaren, die ja allerdings durch das hier betriebene Vielerlei in einer üblen Lage sind, zugeschnittener Lernstoff gegeben wird, werden eine bis zwei tägliche Unterrichtsstunden für völlig ausreichend erachtet, um die nötige Einführung und Nachhilfe für das Privatstudium zu geben, auf das das allergrößte Ge= wicht gelegt wird. Dank der Großmut hochherziger Frauen und Männer wird mehr und mehr alles beschafft, was dasselbe unterstützen kann; ein eigenes Laboratorium, ein stattlicher Bibliotheksaal, der sich mit Hülfe von Vermächtnissen schnell füllt, ein Lesezimmer und nicht zum wenigsten die behaglichen

Privatzimmer der Studentinnen laden geradezu dazu ein. Jede hat ihrer zwei, ein Arbeitszimmer und ein Schlafzimmer, und fast eine jede versteht mit Hilfe von Büchern, Blumen, Bildern, Teppichen sie thatsächlich zu einem kleinen Heim zu gestalten. Hier wird, wenn nicht Vorlesungen sind, den Morgen über studiert. Das zweite Frühstück (luncheon), das zwischen 12 und 3 eingenommen werden kann, bringt eine Unterbrechung, und die Arbeit wird nicht eher wieder aufgenommen, als bis eine tüchtige Bewegung in freier Luft dem Geist neue Elastizität gegeben hat. Dem Mittagessen, das um 6 Uhr stattfindet und mächtige Braten und Mehlspeisen bringt, folgt häufig etwas Musik, auch wohl ein Tanz. Nach demselben wird je nach Bedürfnis wieder gearbeitet; das Erscheinen des Thees, Kaffees oder Cacaos, der auf zierlichen Brettchen jeder Einzelnen ins Zimmer gebracht wird, sorgt aber für eine Unterbrechung; häufig erfolgt auch eine Einladung zu einem Theeabend in einem der Privatzimmer, der die Stelle der studentischen Commerse vertritt und gewiß weniger Kopfschmerzen hinterläßt als diese. Manche liegen dann um $\frac{1}{2}$ 11 Uhr im Bett; bei andren brennt die Lampe noch um Mitternacht. Im ganzen herrscht auch in Bezug auf die Arbeit ein gesunder Ton, fern von Übertreibung, wenn auch vielleicht eifriger gearbeitet werden mag als bei einzelnen männlichen Kollegen; steht doch viel Zeit und Kraft zur Verfügung, die so mancherlei studentische Zeitvertreibe sonst fortnehmen, und das ist wohl ein Glück, da die zartere physische Konstitution der Frau dieser doppelten Anstrengung wohl schwerlich gewachsen wäre.

Die Anstalt steht jetzt unter der tüchtigen und sachkundigen Leitung von Miß Welsh, die zu den ersten gehörte, die von Hitchin aus mit seltenem Mut das kühne Unternehmen in Angriff nahmen. Eine Vice-Mistreß, Miß Ward, und einige im College selbst wohnende Lecturers stehen ihr zur Seite. Zu diesen weiß man die besten Kräfte zu gewinnen. So ist die Philosophie durch Miß Constance Jones vertreten, die s. Z. ein Examen erster Klasse darin ablegte, und die sich um die Einführung Lotzes in England ein großes Verdienst erworben

hat durch eine Übersetzung seines Mikrokosmos von seltener
Vorzüglichkeit. So hatte man für classics (alte Sprachen und
Geschichte) Miß Ramsay gewonnen, die im vergangenen Jahre
großes Aufsehen dadurch erregte, daß sie im klassischen tripos
die höchsten honours errang, d. h. auch ihre männlichen Mit=
bewerber schlug. Sie ist der deutschen Frauenwelt kürzlich
durch einen Aufsatz von Marie von Bunsen bekannt geworden*).
Die Times vom 20. Juni 1887 schreibt in einem Leitartikel
über sie folgendes: „In der That eine erstaunliche Leistung!
Miß Ramsay stand den philologisch durchgebildetsten jungen
Leuten unserer besten öffentlichen Schulen gegenüber, und sie
hat ihre Nebenbuhler auf deren eigenem Gebiet geschlagen. Ja
sie hat sich ihnen allen um den Unterschied einer ganzen Ab=
teilung überlegen gezeigt, ist nicht nur die erste einer Klasse,
zu der mehrere andere Kandidaten zugelassen werden, — nein,
sie befindet sich in der ganzen ersten Abteilung allein. Zu einer
gleich hohen Auszeichnung ist noch niemals ein männlicher
Student gelangt, in keinem der früheren Jahre war der Unter=
schied zwischen dem ersten und zweiten Sieger auf dem klassi=
schen Felde so scharf markiert. Miß Ramsay hat erreicht was
überhaupt noch kein ‚senior classic‘ vor ihr erreicht hat.“ Miß
Ramsay war damals 20 Jahre alt, d. h. um mehrere Jahre
jünger als ihre Mitbewerber, hatte aber selbstverständlich völlig
die gleichen Ansprüche wie ihre männlichen Kollegen zu befrie=
bigen. Sie hat sich im August dieses Jahres mit dem Master
von Trinity=College in Cambridge verheiratet und wird somit
leider dem College verloren gehen. Es ist eine interessante
Thatsache, daß die Studentinnen von Girton und Newnham
nach Beendigung ihrer Studien recht oft heiraten und zwar
Männer von hervorragender Bedeutung. Es scheint jenseits
des Kanals nicht ganz die Auffassung zu herrschen, daß die
Frau in der Hauptsache erst in der Ehe zu lernen habe, und
zwar „was und soviel der geliebte Mann durch seine Liebe als
ihn erfreuend haben will.“ (Paul de Lagarde). Vielleicht hat

---

*) Die Frau im gemeinnützigen Leben. 1888, 1. Heft, S. 69 ff.

man nicht so ganz Unrecht mit der Anschauung, daß Mann und Kinder bei einer gründlich durchgebildeten Frau und Mutter in ihrem inneren und äußeren Leben nicht schlecht fahren werden.

Kurze Zeit nachdem in Hitchin der erste Versuch auf der neuen Bahn unternommen war und ehe noch Girton College stand, hatte man in Cambridge selbst die Begründung eines zweiten College in Angriff genommen, das heute unter dem Namen Newnham-College in freundschaftlichem Wetteifer mit Girton auch über 100 Studentinnen ein behagliches Heim gewährt. Es verdankt sein Entstehen und sein schnelles Wachstum vor allem den uneigennützigen Bestrebungen eines der ausgezeichnetsten Professoren von Cambridge, des Professors Henry Sidgwick, seiner Frau, einer Nichte des Marquis of Salisbury (des gegenwärtigen Premierministers von England) und der jetzigen Vorsteherin des College, Miß Anne Clough. „Dieser Name“, so schreibt eine der Newnham-Students, „als der einer, die noch unter uns weilt, braucht hier nicht gepriesen zu werden; er muß für alle Newnham-Students gleichbedeutend sein mit einem Mut und einer Entschlossenheit, einer Liebe und einer Selbstverleugnung, auf welche in späteren Zeiten die Worte angewendet werden können:

οὐ γάρ πω τοίους ἴδον ἀνέρας οὐδὲ ἴδωμαι*).“

Auch dieses College fand die reichlichste Unterstützung, moralisch und praktisch, und ist im fröhlichen Aufblühen begriffen. Es hat mehrfach sein Domicil gewechselt, bis es eigene Gebäude errichten konnte; das erste derselben wurde 1875, das zweite 1880 eröffnet. Das stets wachsende Bedürfnis führte dann zur Errichtung eines dritten Gebäudes, das in Anwesenheit des Prinzen und der Prinzessin von Wales im Juni djs. Jahres eröffnet worden ist. Die drei Gebäude führen heute die Namen the old Hall, Sidgwick-Hall (unter der Leitung von Miß Gladstone, der Tochter des früheren Premierministers) und Clough-Hall.

---

*) Ilias I, 262, nach Voß:
Solcherlei Männer ja sah ich noch nie und sehe sie schwerlich.

Das Leben verfließt hier ziemlich in derselben Weise wie in Girton, und unter der mütterlichen Sorge von Miß Clough verleben die Studentinnen eine glückliche Zeit, glücklich im Streben und in zweckvoller Arbeit. Nach dem Bericht von 1887 haben seit 1871 139 Studentinnen ihr Examen with honours bestanden und zwar 25 in klassischer Philologie, 29 in Mathematik, 33 in Naturwissenschaften, 18 in Philosophie, 29 in Geschichte, 5 in neueren Sprachen. Außerdem hat eine ziemliche Anzahl von Frauen verschiedene Studien nach freier Wahl betrieben ohne ein Examen abzulegen, da Newnham im Gegensatz zu Girton auch dazu Gelegenheit bietet.

Die Colleges in Cambridge hatten freilich noch manche sorgenvollen Tage zu bestehen, ehe sie sich der allgemeinen Anerkennung und der gesicherten Stellung erfreuen konnten, die sie heute genießen. Zehn Jahre lang hatten die Studentinnen beider Colleges nur durch das freundliche Entgegenkommen der Professoren, nicht auf ein ausdrücklich zugestandenes Recht hin, und in nicht officieller Weise geprüft werden können. Mit dem Wachsen beider Institute, innerlich und äußerlich, trat natürlich auch das Unbequeme und Unzureichende einer solchen Einrichtung immer mehr hervor, und man mußte dringend wünschen, ein förmliches Recht auf Zulassung zu den Universitätsprüfungen zu erhalten. In Cambridge selbst war wenig Opposition zu fürchten; die vorzügliche Haltung und die tüchtigen Leistungen der Studentinnen hatten den größten Teil der Gegner entwaffnet, und man glaubte unter den im Orte selbst wohnenden Mitgliedern der Universität einer Majorität sicher sein zu dürfen. Aber die Einrichtungen der englischen Universitäten sind derart, daß unter gewissen Bedingungen früher dort Graduierte sich eine Stimme in den Angelegenheiten der Universität bewahren, und diese, zum größten Teil »unenlightened country members«, waren es, deren Vorurteile und Gegnerschaft man fürchtete.

Im Jahre 1881 wurde ein Antrag eingereicht, Frauen in aller Form die Zulassung zu den Tripos-Examina zu bewilligen. Am 24. Februar sollte er dem Senat der Universität Cambridge vorgelegt werden. Er wurde von einer Anzahl der ersten Pro-

fefforen unterftützt. „Der vierundzwanzigfte", fo heißt es in
einem kleinen Bericht (Newnham College Commemoration day,
February 24th 1881) „kam endlich, und die Straßen von Cam=
bridge fahen den ungewohnten Anblick zahlreicher veralteter
Talare (gowns, die Tracht der Univerfitätsmitglieder in Eng=
land), die Jahre lang unbenutzt gelegen hatten, und deren Träger
aus allen Teilen des Landes herbeigeeilt waren und jetzt dem
Senathaufe zuftrömten. Eine ungewöhnliche Menge von Stimm=
berechtigten war verfammelt. Draußen harrten berittene Boten
von Newnham und Girton in atemlofer Erwartung, um ihren
Colleges die erfte Nachricht zu bringen. Unferen Freunden
innerhalb des Gebäudes war der Ausgang bis zuletzt zweifel=
haft, während mit feierlichem »placet« oder »non placet« jeder
Stimmberechtigte nach der Reihe feine Entfcheidung abgab."

„Selbft den Hoffnungsvollften unter ihnen war der Ausgang
eine große und freudige Ueberrafchung, denn unfere Sache hatte
eine Majorität von 398 gegen 32 Stimmen. Und fo war der
Kampf gewonnen."

„Wenig war an dem Tage in Newnham gearbeitet worden,
und die Gruppen von Studentinnen in den Hallen nahmen den
Überbringer der frohen Nachricht mit einer Begeifterung auf,
die keine von den Anwefenden vergeffen wird."

„Obwohl es wahr ift, daß wir noch nicht alle Privilegien
der Univerfitätsmitglieder genießen, — denn wir wohnen den
Vorlefungen (der Univerfitätsprofefforen) nur aus Höflichkeit bei,
wie wir früher aus Höflichkeit examiniert wurden — fo giebt
doch der bisherige Erfolg gute Hoffnung für die Zukunft, und
nun mag Newnham mit feinen roten Ziegelfteinmaffen im Lauf
der Jahre altersgrau werden in dem ftolzen Bewußtfein, daß
es nicht länger ein Accidens, ein Fremdling, ein unberechtigter
Schützling ift, fondern ein von der Univerfität Cambridge an=
erkanntes Inftitut."

„Dies ift die Thatfache, welche den 24. Februar zu einem
roten Tage in unferm Kalender gemacht hat."

Vielleicht ift keine Thatfache beffer geeignet zu illuftrieren,

was die englischen Frauen nicht müde werden hervorzuheben:
die neidlose und selbstlose Unterstützung vorurteilsfreier Männer.

Ein letztes bleibt zu erreichen. Die Universität gewährt
den Frauen viel, aber doch nicht alles. Sie erkennt sie als
berechtigte Bewerberinnen um Zeugnisse an, nicht aber als
berechtigte Mitglieder der Universität; d. h. sie gewährt ihnen
weder die Titel (degrees) eines Bachelor of Arts ꝛc. noch die
Benutzung der Bibliothek, der Laboratorien und Museen, ob=
wohl in letzterer Beziehung durch das freundliche Entgegen=
kommen der Professoren mancherlei Zugeständnisse gemacht wor=
den sind. Daß die Universität die degrees, d. h. den Namen
verweigert, während. sie die Sache gewährt, hat seinen Grund
wohl hauptsächlich in dem oben erwähnten Umstand, daß nach
Erfüllung gewisser äußerer Verpflichtungen mit dem Titel einer
englischen Universität eine Stimme in ihrer Verwaltung und
unter Umständen auch pekuniäre Vorteile verbunden sein können.
Mit der Erteilung der Grade würde dies Recht auch für die
Frauen zugestanden werden müssen. Bei dem großen Wohl=
wollen, das den Frauen von der Universität gezeigt worden ist[*]),
erscheint vielen dies letzte Zugeständnis nur als eine Frage der
Zeit, um so mehr als die Universität London inzwischen in
dieser Beziehung mit gutem Beispiel vorangegangen ist und
jeden Unterschied zwischen studierenden Männern und Frauen
aufgehoben hat. Bei dem ganz abweichenden Charakter der
Universität London, die nur Examinationsbehörde ist, sind frei=
lich mit der Erteilung der Grade hier wesentlich andere Konse=
quenzen verbunden.

Die nächste Folge der Eröffnung der Frauencolleges in
Cambridge war die Eröffnung zweier Colleges in Oxford: Lady
Margaret=Hall und Sommerville=Hall, die im wesentlichen den=
selben Charakter haben wie die Cambridger.

---

[*]) Wie entschieden das auch von Seiten der Studenten geschieht, zeigt der
Umstand, daß in dem griechischen Drama, dessen Aufführung für Cambridge
immer ein Ereignis ist, im Jahre 1885 eine der Girtonians auf allgemeines
Verlangen die Frauenrolle übernehmen mußte. Miß Case von Girton spielte
im Dezember des genannten Jahres die Athene in den Eumeniden des Äschylus.

Dann erfolgte im Jahre 1878 der oben erwähnte sehr wichtige Schritt: die Universität London wurde mit allen ihren Graden den Frauen eröffnet. Verschiedene Colleges sind seitdem in London selbst zur Vorbereitung auf die dortigen Universitäts=Examina begründet worden. Die Vorlesungen in University=College werden mit Ausnahme der rein medicinischen von Studenten und Studentinnen besucht, die Bibliothek, die Laboratorien 2c. gemeinschaftlich benutzt, ohne daß sich die geringste Unzuträglichkeit herausgestellt hätte, da man einander mit der Höflichkeit der guten Gesellschaft begegnet, wie denn überhaupt die ganze Stellung, die die Studenten in dieser Frage eingenommen haben, einen hohen Grad von äußerer Erziehung verrät, der ohne bedeutende innere Kultur nicht denkbar ist. Die Studentinnen haben in University=College ihre eigene Lady Superintendent, Miß Morison, an die sie sich in allen Fällen um Auskunft und Unterstützung wenden können, ohne daß in irgendwelcher Beziehung ein Druck ausgeübt wird. Um ferner den Studierenden in London ähnliche Vorteile zu gewähren, wie sie Cambridge und Oxford in ihren Internaten besitzen, ist in der Nähe von University=College ein Studentinnenheim, College=Hall, gegenwärtig unter der Leitung von Miß Grove, errichtet, in dem auch die Mehrzahl der Besucherinnen der Londoner school of medicine, von der weiter unten die Rede sein wird, eine äußerst behagliche Unterkunft findet. Kleinere Colleges, wie das gleichfalls mit einem Internat verbundene vorzügliche Westfield=College (Hampstead) suchen dem steigenden Bedürfnis auch in anderen Stadtgegenden entgegen zu kommen.

Unter den übrigen englischen Colleges (es giebt deren noch in Manchester, Bangor, Cardiff 2c.) verdient eins besondere Erwähnung, einstweilen nur wegen der unglaublichen Großartigkeit seiner Gebäude, da es zu jung ist, um sich andere Auszeichnungen errungen zu haben; es ist das erst 1886 in Gegenwart der Königin von England eröffnete Royal Holloway College. In etwa $1\frac{1}{2}$ Stunden von London aus zu erreichen, erhebt es sich nahe Egham auf einem mäßigen Hügel inmitten einer der lieblichsten englischen Landschaften. Die Gebäude sind wahrhaft fürstlich. Die für ihre Errichtung und Ausstattung verwendeten Summen belaufen sich auf 600 000 Lstr. (12 000 000 Mark). Sie sind im französischen Renaissancestil gehalten und umschließen zwei durch ein Quergebäude getrennte Höfe. Die Länge, resp. Breite des ganzen Rechtecks beträgt 550 resp. 376 Fuß; einen besseren Begriff von der kolossalen Größe des College bekommt man vielleicht, wenn man hört, daß es etwa 1000 Zimmer und an 3000 Fenster zählt. Es ist auf die sehr bequeme Unterbringung von ca. 250 Studentinnen und die entsprechende Anzahl von Lehrkräften und Dienerschaft berechnet, besitzt seine eigene Kapelle, eine Gemäldegallerie im Wert von 90 000 Lstr., weitläufige wirtschaftliche Baulichkeiten, hat Dampfheizung, elektrische Beleuchtung rc. Es steht unter der Leitung von Miß Bishop.

Der Stifter des College, Thomas Holloway, entsprach mit der Gründung desselben einem Lieblingswunsch seiner Frau, wie er das in der Stiftungsurkunde ausdrücklich bemerkt. Das College ist, wie erwähnt, noch viel zu jung, um irgendwelche Erfolge aufzuweisen; es hat sein erstes Studienjahr hinter sich und hat noch mit mancherlei Schwierigkeiten zu kämpfen. Aber in seiner großartigen Ausstattung — es sind vom Stifter noch große Summen als Fonds gegeben worden — ist es wiederum ein redender Beweis von dem großen und weitherzigen Interesse, das die Frauenbestrebungen in England erregt haben.

III.

Nur in einem Fache war auch in England ein ernstlicher Kampf gegen Vorurteile und — Brotneid zu kämpfen: in der Medizin. Wie sehr in der Frauenfrage die Brotfrage mitspielt, zeigte sich bei der Abstimmung um die Freigebung der Londoner Universitätsgrade für Frauen. Die größte Liberalität zeigten die Stimmberechtigten der als Arts und Science bezeichneten Fakultäten (die in England weit weniger als bei uns als Brot-

ſtudium betrieben werden), den härteſten Widerſtand leiſteten die
Mediziner. In Arts ſtellte ſich das pro und contra wie 80 zu
20, in Science wie 89 zu 11; in der Medizin hingegen wie
21 zu 79.

Der Anfang mit dem mediziniſchen Studium wurde bekanntlich durch eine Engländerin in Amerika gemacht. Miß
Elizabeth Blackwell richtete im Jahre 1844 an alle damals
in Amerika exiſtierenden dreizehn mediziniſchen Fakultäten eine
Eingabe, in welcher ſie die Zulaſſung zum mediziniſchen Studium
nachſuchte. Zwölf verweigerten dieſelbe. Eine derſelben, Ge-
neva Medical College in New-York, zog den Antrag in Über-
legung und beſchloß die Entſcheidung den Studenten zu über-
laſſen. Eine Verſammlung derſelben entſchied nicht nur zu
Gunſten der Antragſtellerin, ſondern verpflichtete ſich zugleich
durch einen Beſchluß — ſich ſtets als gentlemen der Dame
gegenüber zu zeigen, ſo daß ſie ihren Schritt niemals zu bereuen
haben ſollte. Der Beſchluß iſt ausgeführt worden. Damit war
in Amerika den Frauen das mediziniſche Studium eröffnet, wenn
es auch noch manchen Kampf koſtete, ehe es genügend Boden
gewann. Waren doch unter den mediziniſchen Fakultäten
Amerikas auch ſolche, die von der „unerhörten Anmaßung"
ſprachen, „die die Antragſtellerin mit dem Wunſch und der
Hoffnung erfüllt hat, in einen Beruf einzudringen, der dem edleren
Geſchlecht vorbehalten und gewidmet iſt," oder die Behauptung
aufſtellten, „daß es unpaſſend und unmoraliſch ſein würde, eine
Frau in die Natur und Geſetze ihres Organismus eingeweiht
zu ſehen."

In England begann der Kampf um 1860. Miß Elizabeth
Garrett (jetzt Mrs. Garrett-Anderſon) ergriff das mediziniſche
Studium, und da man wohl den Fall für ein Unikum halten
mochte, das ſchwerlich irgendwelche Folgen nach ſich ziehen würde,
ſo geſtattete man ihr die nötigen Examina abzulegen, wenn man
ihr auch in Bezug auf das Studium mancherlei Schwierigkeiten
bereitete, und nach 5 jähriger Arbeit fand ſie ſich als förmlich
zugelaſſener Arzt. Als einige Frauen ihrem Beiſpiel folgten,
wurde die Oppoſition rege und führte beſonders in Edinburgh,

wo Miß Jex Blake im Jahre 1869 als erste Studentin der
Medizin angenommen worden war, zu den häßlichsten Scenen,
so daß sie und die nach ihr zum Studium zugelassenen Frauen
nach London übersiedelten, wo sie mit Hilfe von Mrs. Garrett=
Anderson und Miß Thorne ein eigenes College zu gründen
suchten. Einer der eifrigsten Verfechter ihrer Sache war ein
junger Arzt, Dr. Anstie, eine der seltenen, großherzigen Naturen,
die ihren Enthusiasmus und ihre Energie mit Vorliebe in den
Dienst der Unterdrückten und in den Dienst einer Idee stellen.
„In seinem Blut,“ schreibt Robert Wilson in einem kleinen Ar=
tikel Aesculapia victrix, dem einige der gegebenen Daten
entnommen sind, „war ein merkwürdiger Zug der Ritterlichkeit
der guten alten Zeit, die ihn weit und breit als den Bayard
seines Berufs bekannt gemacht hatte, den unversöhnlichen Feind
aller derer in Amt und Würden, die ihre Macht zur Unter=
drückung benutzten. Seine gesellschaftlichen Eigenschaften, seine
wissenschaftlichen und litterarischen Fähigkeiten und seine Be=
deutung in seinem Beruf hatten seinem Einfluß ein Gewicht ver=
schafft, das selten einem Manne seines Alters zugestanden wird,
so daß, wenn er irgend eine „Sache“ aufnahm — und er war
niemals ohne eine solche — viele seiner Berufsgenossen stets
bereit waren, ihm zu helfen; selbst die, welche seinen Ideen als
utopisch entgegentraten, machten ihre Opposition gern so gelinde
als möglich. Von dem Tage an, wo Dr. Anstie überzeugt war,
daß Miß Jex Blake und ihre Gefährtinnen das Opfer niedriger
Verfolgung waren, war ihre Schlacht in London halb gewonnen.
Das ist deutlich aus den Namen der höchst bedeutenden Männer
der Wissenschaft zu ersehen, welche er am 22. August 1874 zu
einer Zusammenkunft nach seinem Hause in Wimpole Street be=
rief, wo beschlossen wurde, eine unabhängige Hochschule für
Ärztinnen in London zu eröffnen, zu deren Dirigenten einstimmig
Dr. Anstie erwählt wurde.“

Vierundzwanzig bedeutende Mediziner bildeten den Vorstand
der neuen Hochschule, die in Henrietta= (heute Händel=)street
im Jahre 1874 eröffnet wurde. Dr. Anstie sollte die Eröffnung
leider nicht mehr erleben. Er starb kurz vor derselben als ein

Opfer seines Berufs an einer Blutvergiftung, die er sich bei einer Sektion zugezogen hatte. Die neue Schule befand sich bis 1883 unter der Leitung von Dr. Norton, von da ab unter der von Mrs. Garrett=Anderson, M. D.

Die junge Schule hatte noch mancherlei schwere Kämpfe zu bestehen; immer aber fanden sich großmütige und vorurteilslose Männer innerhalb der Profession selbst, die den tapferen Frauen in dem Kampf um ihre gute Sache beistanden, ihnen Zulassung zu Hospitälern und guten klinischen Unterricht verschafften, und so waren in ca. drei Jahren alle Schwierigkeiten beseitigt — der letzte und bedeutungsvollste Schritt war die schon erwähnte Frei=gebung der Vorlesungen an der Londoner Universität (wo die Hülfswissenschaften der Medizin gehört werden können, während die Medizin im engeren Sinne in getrennten Kursen studiert wird) und ihrer Grade. Auch die finanziellen Schwierigkeiten wurden teils durch die Großmut einzelner Freunde der Sache, teils durch öffentliche Subskription beseitigt.

Wer heute die school of medicine in der Händelstraße in London besucht, sieht den eifrig thätigen und in ihrer Thätigkeit glücklichen Studentinnen wohl an, daß die Zeiten der schweren Sorge für sie vorüber sind, und wer einer Preisverteilung oder sonst einer Feier beizuwohnen Gelegenheit hat, freut sich des herzlichen Verkehrs zwischen den Studentinnen und den Leiterinnen der Anstalt und des augenscheinlichen Interesses, das Männer von hoher Bedeutung in ihrer Profession an dem aufblühenden Institut nehmen. Das Haus ist bei solchen Gelegenheiten in festlichem Schmuck; das Sektionszimmer ist sorgfältig verschlossen, die verschiedenen notwendigen, aber nicht eben sehr ästhetischen Modelle und Spirituspräparate des Museums sind dem Anblick entzogen, und auf den Rasen, die hier, wie überall, wo die Um=stände es irgend gestatten, innerhalb der College=Mauern an=gelegt sind, herrscht fröhliches Leben. Das thörichte Vorurteil, das im Anfang auch in England den Frauen in der Medizin die Wege versperrte, ist, wenn auch einige hochstehende Ärzte es mit aller Energie zu halten suchen, mehr und mehr im Schwinden; „ob," sagt Robert Wilson in der vorhin erwähnten Schrift,

weil die meiften derer, die es hatten, geftorben find, oder weil
fie weifer geworden, ift fchwer zu fagen. Englifche Frauen
ftudieren in London Medizin und Wundarzneikunde ohne das
geringfte Hindernis in ihrem eigenen College, unter Profefforen
von hoher Bedeutung .... Was „die Welt" betrifft, die einft
erklärte, daß eine folche Ausdehnung der „Sphäre der Frau"
die Gefellfchaft mit einem Krach vernichten müffe, fo fieht fie
unbewegt zu, den Krach ebenfowenig fürchtend als ein nach=
gemachtes Erdbeben in einem Senfationsftück."

Aber nicht nur die „Gefellfchaft", auch die „Weiblichkeit",
die in den Scheingründen der Gegner diefer Sache eine fo be=
deutende Rolle fpielt, läuft nach den bisherigen Erfahrungen
nicht die geringfte Gefahr durch das Studium der Medizin.
Ja, die Weiblichkeit einer großen Anzahl von Patientinnen
wird gefchont. Nirgends zeigt fich klarer als hier, welchen
Unfinn das gedankenlofe Publikum, durch lange Gewohnheit
verführt, zu glauben und zu verfechten imftande ift. Es gelten
vielfach, befonders im Verkehr der Gefchlechter, Dinge als
unweiblich, die nicht das geringfte Bedenken haben; es find
andrerfeits Dinge Brauch, die eben nur die Gewohnheit erträg=
lich macht. Dasfelbe junge Mädchen, das durch unfere ganzen
gefellfchaftlichen Einrichtungen an die zartefte Schonung felbft
ihres pfychifchen Ich, ja an die entfchiedenfte Verweichlichung in
diefer Beziehung gewöhnt ift, wird gezwungen, ihr phyfifches
Ich, auch in Fällen, die fehr eingehende Unterfuchungen nötig
machen, einem fremden Manne anzuvertrauen. Den Widerfpruch
und die Unnatur, die darin liegen, werden erft fpätere Zeiten
ganz verftehen, die von „Weiblichkeit" einen ganz andren Begriff
haben werden, als die unferen, Zeiten, die für weiblich halten,
was aus der Tiefe der Liebe und Sympathie entfpringt, an der
Gottlob unfer Gefchlecht reich ift. Und die ift es auch, die
unfere tapferen Vorkämpferinnen in England zum Ausharren
veranlaßt hat. „Weil wir glauben, daß der ärztliche Beruf
Platz und Arbeit für die Frauen bietet und gerade den weib=
lichften Gaben und Tugenden Raum zur Entfaltung geftattet,
was auch allmählich allgemein anerkannt werden wird, fo wird

alljährlich eine neue Gruppe von Frauen, klein, aber vom tiefsten Ernst beseelt, als Studentinnen der Medizin einge= schrieben. Es würde wahrscheinlich für das Publikum eine Überraschung sein (wie es für die Schreiberin selbst war), zu sehen, wie außerordentlich gering der Raum ist, den »strong- mindedness« (Emanzipation) im gewöhnlichen Sinne des Wortes in den Reihen der Frauen einnimmt, die ihren Lebensberuf in der Medizin suchen. Und die Thatsache, daß diese unliebens= würdige Eigenschaft eher durch Abwesenheit als durch Anwesen= heit unter ihnen glänzt, dürfte, wenn sie allgemein bekannt und gewürdigt würde, sinnende Geister zum Nachdenken darüber bringen, wie weit der scheinbare Grund für diesen Vorwurf auf die Stellung zurückzuführen sein mag, in welche die Bahn= brecherinnen der Bewegung durch willkürliche und unritterliche Opposition gebracht wurden.“ *)

Es ist nie ein wahreres Wort gesprochen. Wir werden dieselbe Erfahrung in Deutschland, wo die Opposition der Männer gegen eine höhere Ausbildung des weiblichen Geschlechts in demselben Maße erbitterter als die Brotfrage dringender ist, ohne Frage in erhöhtem Grade machen müssen. Es werden um dieser Sachlage willen die Frauen sich zu einem Kampf ent= schließen müssen, der durchaus nicht in ihrer Natur liegt, der aber um ihres eigenen Geschlechts willen zur Gewissenssache wird, und der dann vielen Männern willkommene Gelegenheit geben wird, auf die „Unweiblichkeit“ der ganzen Bewegung hinzuweisen. Und leider werden sich immer Frauen finden, die ihnen darin zur Seite stehen.

In England ist jetzt die Partei derer, die den ärztlichen Beruf für unweiblich halten, im Schwinden begriffen. „Kein gebildeter und vorurteilsloser Mensch glaubt heutzutage, daß ärztliche Praxis oder medizinische Studien durchaus eine Frau demoralisieren müssen. Der Dienst der Kranken hat zu jeder Zeit einen eigentümlichen, aber, wie es scheint, sehr natürlichen Reiz für Frauen gehabt, und es läuft einfach dem gesunden

---

*) Women and Medicine. A prize Essay by Edith A. Huntley. 1886.

Menschenverstand zuwider, vorauszusetzen, daß eine Frau durch solchen Dienst ihrem Geschlecht etwas vergebe, daß sie ihn nur leisten dürfe, wenn dazu keine gelehrte Bildung, keine Wissenschaft nötig ist. Und doch wollen die sonderbaren Leute, die „ihre Töchter lieber im Sarge sehen möchten“ als in einem Krankenzimmer — es sei denn als Nachfolgerinnen der unermüdlichen Miß Gamp (d. h. als Pflegerinnen), uns dergleichen glauben machen. . . . Sie haben sich glücklich zu dem Gedanken überredet, daß die Anwesenheit einer Frau an einem Krankenbette ihren Charakter notwendig schädigen muß, wenn sie nicht etwa zu unwissend ist, um herauszufinden was dem Kranken fehlt. Aber sie täuschen niemand sonst. Wie Emerson in seinen »English-Traits« sagt, die meisten Engländer sind gottlos in ihrem Skepticismus einer Theorie gegenüber, aber sie küssen den Boden vor einer Thatsache. Was ist nun die Thatsache in diesem Falle, wie die meisten aufgeklärten Männer sie sehen? Nun, daß elf Jahre lang in England Frauen Medizin studiert und praktiziert haben, durch die öffentliche Meinung im hohen Grade unterstützt, aber ohne daß sie in der Gesellschaft als Töchter, Frauen und Mütter im geringsten an Achtung verloren oder die kleinste Spur von Entartung in Bezug auf edlere Eigenschaften des Herzens und des Gemüts gezeigt hätten. Cadit questio. Die Mehrheit der Engländer denkt ohne Zweifel mit dem verstorbenen Grote, daß eine Frau, die in ihrer Jugend wirkliche Liebe zum Lernen zeigt und echtes Streben nach einer unabhängigen Stellung, die sie in den Stand setzt, sich selbst zu ernähren, wenigstens eine ebenso gute Chance als der Mann haben sollte, ihre Gaben so weit wie möglich nutzbar zu machen.“ *)

Was ist nun thatsächlich bis jetzt in England in der Medizin erreicht worden, und welches sind die äußeren Chancen für Frauen, die den ärztlichen Beruf ergreifen? Nach dem neuesten Bericht der Londoner School of Medicine for Women (1888) sind bis jetzt 60 Frauen in das Register der staatlich

---

*) Aesculapia victrix. S. 31 f.

anerkannten Ärzte eingetragen. Ein Teil derselben übt in Eng=
land, ein Teil im übrigen Europa, ein Teil in Indien, teils
unter günstigen Verhältnissen den ärztlichen Beruf aus. Doch
scheinen die Verhältnisse durchaus noch nicht so zu liegen, daß
der Beruf Gegenstand eigensüchtiger Speculation werden könnte.
Und es ist gut, daß dem so ist, daß vorläufig noch echte Be=
geisterung und der feste Wille, für eine gute Sache Entbehrungen
zu ertragen, durchaus nötig erscheinen für Frauen, die den ärzt=
lichen Beruf erwählen wollen. Es ist interessant, was Mrs.
Garrett=Anderson über diesen Punkt sagt: „Wir wissen sehr wohl,
daß das Bedürfnis nach weiblichen Ärzten nicht in den vor=
nehmsten, sondern in den gebildetsten Kreisen und unter
den Armen vorhanden ist. Es wird kaum bei kleinen Ge=
werbetreibenden, noch in der Klasse der müßigen fashionablen
Frauen empfunden. Nun giebt es zwei Schichten der Gesell=
schaft, die den Ärzten die meiste Praxis gewähren: erstens die
Armen, die, vermutlich der beständigen Melancholie ihres Lebens
wegen, sich immer mehr oder weniger in ihrer Gesundheit er=
schüttert fühlen und die Arzeneinehmer par excellence sind;
zweitens die reichen und müßigen Frauen, die nur wenig Arzenei
nehmen, aber gern viele Besprechungen mit ihrem angenehmen,
heiteren Arzt haben. Diese letzte Schicht kann im eigentlichen
Sinne als goldbringend bezeichnet werden. Arme Frauen nehmen
die Arzenei, und reiche Frauen bezahlen das Honorar. Aber es
ist schwerlich vorauszusetzen, daß dieser Klasse von Patientinnen
jemals Ärztinnen so annehmbar sein werden als Ärzte. Wenn
man nun alle „feinen Damen“, alle Männer und fast den
ganzen Mittelstand ausschließt, so muß es eine ziemlich lange
Zeit erfordern, eine Praxis zu erlangen. Es bleiben einem die
Armen, die gebildeten Berufsklassen (professional class), und
die höchste Aristokratie. Auch hier sind noch Schwierigkeiten.
Leute, die sich einer eben ihre Praxis beginnenden Ärztin an=
vertrauen möchten, haben schon ihren Arzt, und sie fühlen ganz
richtig, daß es nicht recht ist, ihn aufzugeben, wenn er sie bis=
her zufriedengestellt hat. Auch empfinden sie ganz natürlich
Anfängerinnen gegenüber Mißtrauen. Dann ist da die weitere

Schwierigkeit, die jeder junge Praktiker fühlt: sich bekannt zu machen. Niemand hat Luft einen völlig Fremden zu konsultieren. Man muß ihn kennen oder von ihm gehört haben. Die oberflächlichste Bekanntschaft genügt oft, die Leute einen Mann oder eine Frau konsultieren zu lassen, wahrscheinlich, weil die meisten Leute im tiefsten Herzen an ihre eigene Geschicklichkeit als Charakterleser glauben, und wenn sie einen Arzt nur eben gesehen haben, so fühlen sie, daß sie in gewissem Grade wissen, ob sie ihm trauen können oder nicht. Aus allen diesen Ursachen ist es meiner Meinung nach sicher, daß eine Frau, wenn sie auch noch so gut auf ihre Berufspflichten vorbereitet ist, immer eine gewisse Zeit brauchen wird, ehe sie es zu einer Praxis bringt. Aber ich habe keinen Zweifel, daß eine solche Frau es in einem mäßigen Zeitraum doch zu einer solchen bringen wird."

Zu allen von Mrs. Anderson erwähnten Schwierigkeiten kommt noch eine andere: daß den Ärztinnen bis jetzt nämlich außerordentlich wenig Gelegenheit geboten wird, den Teil ihrer Ausbildung zu erlangen, der erst nach Beendigung des eigentlichen Kursus beginnt. „Wenn ein junger Mann seine Studien beendet und seine Examina bestanden hat, so sucht er gewöhnlich weitere Erfahrungen zu sammeln, indem er einen Posten in einem Hospital oder als Assistenzarzt annimmt, ehe er sich als selbständiger Arzt niederläßt oder einen verantwortlichen öffentlichen Posten antritt. Aber für die Ärztin, die ihre Studien abgeschlossen hat, giebt es nur wenige und unbedeutende Möglichkeiten dieser Art. Wenn sie ihr Studium vollendet, ihre Examina bestanden und ihr Diplom erworben hat, so ist sie sofort eine ausgewachsene (full-fledged) Ärztin, und es ist möglich, daß sie sofort auf irgend einen wichtigen Posten gestellt wird, wo sie nicht etwa den Vergleich mit jungen, ihr thatsächlich gleichstehenden Leuten, sondern mit Männern von Erfahrung und professioneller Bedeutung auszuhalten hat, und wo jeder Fehler, den sie machen mag, als Probe für den Wert der Ärztinnen im allgemeinen weitergetragen und besprochen wird. Alles das muß man erwarten, aber es macht die Ausübung des ärztlichen Berufs durch Frauen ganz besonders schwer und verantwortlich. Frauen, welche die Arbeit über=nommen haben, müssen den tiefsten Ernst fühlen und völlig entschlossen sein, sich nicht nur auf Examina vorzubereiten, son=dern auf die ernsteste Verantwortlichkeit, für die es keine ober=flächliche Vorbereitung, keine Königswege und Abkürzungen (short cuts) giebt. Sie müssen erwarten, noch sehr lange und sehr oft Prüfungen unterworfen zu werden, nachdem ihre letzte bestanden ist, Prüfungen durch kritische Augen und unfreund=liche Ohren, und durch Vergrößerungs= und Vervielfältigungs=gläser, die eifrigst bei jedem Versehen und Irrtum angewandt werden. Sie werden noch auf lange Zeit einen sehr ungleichen Kampf haben, aber ihr Werk ist des Ringens, ihre Schlacht — da doch eine Schlacht sein muß — des Schlagens wert; und vielleicht wird eine künftige Generation mit Verwunderung auf den alten Streit über die „Ärztinnenfrage" blicken und fast nicht glauben, daß sie jemals zu einer Streitfrage gemacht worden ist. Aber einstweilen kann nur ehrliche, geduldige Arbeit, nicht die Polemik den Sieg erringen."

Trotz aller hier berührten und anderer Schwierigkeiten ist nun ein gut Teil Arbeit in England vollbracht worden. Schon giebt es Hospitäler für Frauen, die nur von Frauen geleitet werden. Verfasserin dieses wird nie eine alte Arbeiterin in dem Londoner New Hospital for Women, das unter der Leitung von Mrs. Garrett=Anderson steht, vergessen, die in »many a 'ors=pital« gewesen, und die, eben von weiblicher Hand operiert, nicht genug rühmen konnte, daß die Frauen doch endlich jetzt anfin=gen, an ihr eigenes Geschlecht zu denken. Sie war unzweifel=haft in den früheren Hospitälern auch auf das Gewissenhafteste besorgt worden; ihre besondere Dankbarkeit erklärte sich mir aus der trotz mangelhafter Lokalität (es wird jetzt der Bau eines neuen Hospitals in Angriff genommen) verhältnismäßig großen Behaglichkeit der ganzen Umgebung. Nirgends fehlten Blumen und Bilder; soweit es möglich ist, war den Kranken der Ein=druck eines eigenen Heims gegeben. Auch an diesem Hospital nehmen Ärzte ersten Ranges regen Anteil und sind immer, wenn die Ärztinnen es wünschen, zu Konsultationen mit ihnen bereit.

In vielen Städten befinden sich ferner dispensaries (Orte, wo Arznei, ev. unentgeltlich, ausgeteilt wird) unter weiblicher Leitung, und nach dem Urteil englischer Männer ist die Zeit sicher nicht fern, wo alle Hospitäler, Schulen, dispensaries, Arbeitshäuser, Asyle, Gefängnisse, Besserungsanstalten, Auswanderungsschiffe zc. zc. ihre fest angestellten Ärztinnen haben werden. Damit würden sich natürlich auch die äußeren Chancen des Berufs bedeutend verbessern.

Daß derselbe überfüllt werden könnte, ist aus mehreren Gründen vorläufig nicht anzunehmen. Einmal ist denn doch das Studium ein recht schwieriges, zeitraubendes und kostspieliges, so daß es niemals „Mode" werden wird; andrerseits heiraten sehr viele, ja, nach Robert Wilson die überwiegende Mehrzahl der Ärztinnen. „In der That, man sollte fast denken, daß die Männer in sonderbarem Widerspruch gerade den Typus von Frauen heiraten, deren geistige Reigungen sie zu verabscheuen vorgeben, oder daß sie klugerweise die Ehe als eine Lösung der Konkurrenzfrage betrachten." Der größte Teil dieser Frauen verwendet dann seine Kenntnisse wohl nur zum Besten der Familie und stiftet ohne Frage besonders durch vorbeugende rationelle Körperpflege hier unendlich viel Segen. Diejenigen aber, die trotz ihrer Verheiratung ihren Beruf beibehalten, erwerben sich meistens als Hausfrauen und Mütter dieselbe Achtung wie als Ärztinnen; die Energie und das Pflichtbewußtsein, das ihnen ihr Studium und ihr Beruf gegeben hat, scheint ihre Kräfte zu verdoppeln. Endlich wird das Bedürfnis nach weiblichen Ärzten ohne Frage bald so bedeutend steigen, daß an Überfüllung des Berufs auf lange hinaus nicht zu denken ist. England hat ein weites und dankbares Feld in Indien gefunden, dankbar nicht in pekuniärer Hinsicht, aber im höchsten Grade dankbar für alle die, die Elend zu lindern und unerträglichen Druck zu mildern für die Aufgabe der Frau halten. Erst seit kurzem ist das entsetzliche Schicksal der Hindufrauen zum Gegenstand allgemeiner Teilnahme geworden, und mit großer Energie

arbeiten schon englische Frauen daran, es zu erleichtern; mit der
ärztlichen Hilfe suchen sie Belehrung und geistige Unterstützung
in jeder Beziehung zu verbinden. Da ihnen allein wirklich freier
Zutritt zu den Harems und Zenanas verstattet ist, so ist ihr
Einfluß von garnicht zu berechnender Tragweite. Eine förm=
liche Gesellschaft unter dem Patronat der Königin ist besonders
durch den Einfluß der Lady Dufferin zusammengetreten, um weib=
liche Ärzte für Indien zu gewinnen. Da zugleich der Unterricht
der indischen Mädchen, der, wenn überhaupt, zwischen ihrem
8. und 10. Jahre bisher von Brahminen erteilt wurde, auch
jetzt möglichst in weibliche Hände gelegt wird — es sind Schulen
gegründet worden, die unter Aufsicht eines weiblichen Inspektors
stehen — so ist Hoffnung, daß mit der Zeit den indischen
Frauen ein anderes Los geschaffen werden kann, als das ent=
setzliche, unter dem sie seit Jahrtausenden schmachten!

So eröffnet sich den Frauen segenbringende Thätigkeit nach
allen Seiten.

Es fehlt nun natürlich auch in England nicht an gelegent=
licher Opposition; es giebt Frauen, die den Ruin ihres Ge=
schlechts, Männer, die den Ruin der Wissenschaft voraussagen;
sie werden Gottlob alljährlich seltener. Für die Stellung des
feingebildeten Mannes zur Frauenfrage ist eine Rede bezeichnend,
die Lord Granville, der Kanzler der Universität London,
am 29. Juni 1888 vor einer Versammlung, die die Beschaffung
genügender Geldmittel für College Hall, das Heim der Londoner
Studentinnen, beriet, gehalten hat, und die die Times vom 30.
so wiedergiebt: „Noch manches Jahr, nachdem ich zuerst in das
öffentliche Leben eingetreten war, würde jemand, der eine Dis=
kussion über den Gegenstand einleiten wollte, den wir mit Er=
laubnis des Lord=Mayor heute hier besprechen, mancherlei Dinge
haben sagen müssen, die heutzutage durchaus überflüssig sind.
Der Vorsitzende hätte auf die Thatsache hinweisen müssen, daß,
obwohl ein gewisser Glaube existiert, der da leugnet, daß die
Frau eine Seele hat, es im ganzen wahrscheinlicher ist, daß sie
nicht nur eine Seele, sondern auch einen Geist hat; daß, wenn

sie einen Geist hat, der vermutlich durch Ausbildung gewinnen
würde. Er würde vielleicht sogar eine dunkle Anspielung auf
die Möglichkeit gewagt haben, daß Bildung dasselbe für den
weiblichen wie für den männlichen Verstand thun könnte (Heiter-
keit); aber als verständiger Mann würde er dem Rat gefolgt
sein, den man George Stephenson gab, nicht zu hoch zu greifen
und eben so wenig zuzugeben, daß eine Frau denselben akademischen Grad erringen könne als der Mann, als daß eine
Dampfmaschine mehr als 15 (englische) Meilen in einer Stunde
machen könnte. Aber die Tage folgen einander ohne sich zu
gleichen. Ich bin sicher, daß sich heute niemand in diesem Gebäude befindet, der leugnen würde, daß die höchste Erziehung,
die unter rationellen Bedingungen den Frauen gegeben wird,
sowohl für sie selbst als für die menschliche Gesellschaft (commu-
nity) ein Vorteil ist. (Hört, hört!) Ich will daher denen nichts
vorwegnehmen, die Ihnen wahrscheinlich mit vielem Erfolg akademische Betrachtungen über das Wünschenswerte einer höheren
Ausbildung für Frauen vortragen werden, — eine Thatsache,
über welche wir, wie ich sicher annehme, alle einig
sind; sondern ich will mich darauf beschränken, die Diskussion
über die praktische und dringende Frage einzuleiten, wie wir
ein angenehmes und sicheres Heim (das schon erwähnte College
Hall) für solche Frauen, die die Gelegenheit zu höherer Ausbildung an University College und Women's Medical School
benutzen möchten, sicher fundieren können. . . ." Der Vorsitzende
erwähnt dann, daß ein Unwohlsein Sir Henry Acland, einen
um die höhere weibliche Ausbildung höchst verdienten Mann,
zu seinem Leidwesen von der Versammlung ferngehalten habe;
er würde nach einer schriftlichen Mitteilung sehr gern seine feste
Überzeugung ausgesprochen haben, „daß ausreichende Mittel
beschafft werden müßten, um den Frauen eine ebenso
gute Erziehung zu sichern als den Männern (Hört,
hört! und Bravo!). Ich erlaube mir," fährt Lord Granville
fort, „den Studentinnen von College Hall meine Glückwünsche
für ihre Haltung, ihr Wissen und ihre Erfolge auszusprechen.

Möge ihre Arbeit nicht nur durch die Ehren, die das College und die Universität verleihen, gekrönt werden, sondern möge ihr ein langes, glückliches und nützliches Leben folgen."

So spricht der Kanzler der Universität London!

Es war ungefähr um dieselbe Zeit, daß preußische Abgeordnete, die sich mit einer für die Frauen wichtigen Vorlage zu beschäftigen hatten, meinten: Die Welt werde nicht untergehn, wenn die Frauen noch warteten.

———

IV.

Über allem, was so für die höhere Ausbildung der Frauen geschah, vergaß man nun die Mädchenschulen keineswegs; ihre Reform wurde vielmehr mit seltener Energie in Angriff genommen, und im Laufe von nicht zwei Jahrzehnten hat sich auch hier eine große und vollständige Umwälzung vollzogen.

Zwei Umstände haben den englischen Frauen die Aufgabe, die sie sich gestellt, wesentlich erleichtert. Zunächst war nicht die Rede davon, daß ihnen etwa die Männer Leitung und Erziehung der Mädchen streitig machen könnten. Das Gefühl, daß für Mädchen=Erziehung und =Unterricht Frauen in erster Linie maßgebend sein müssen, daß sie in vielen Fällen allein maßgebend sein können, ist ein allgemeines. In den städtischen Schul= Deputationen (school-boards) haben Frauen Sitz und Stimme; in London bestand man darauf, daß sie hineingewählt wurden, weil man, wie die Bürger sagten, „ja auch Mädchen zur Schule schicke." Diese Schwierigkeit, die größte bei uns, fiel also ganz fort. Es war freilich klar, daß bisher die Frauenleitung sich als völlig ungenügend erwiesen hatte; der Grund war aber ebenso klar: die Frauen waren ungenügend vorbereitet gewesen; man hatte also Veranstaltungen getroffen, sie besser vorzubereiten. In Deutschland hat man anders geschlossen. Die weibliche Leitung hatte sich als ungenügend erwiesen, wie Direktor Nölbecke in einer der gelegentlichen wegwerfenden Bemerkungen seiner

Schrift: „Von Weimar bis Berlin" anführt, folglich mußten
Männer die Sache in die Hand nehmen. Es soll keinen Augenblick geleugnet werden, daß sie es in gewissenhaftester Weise gethan;
ebensowenig aber kann verkannt werden, daß ein schwerer Miß-
griff in der ganzen Einrichtung liegt; es ist darüber genügend
a. a. O. berichtet worden*). Daß im übrigen die natürliche
Neigung des Mannes ihn verhältnismäßig selten der Mädchenschule zuführt, daß also doch wohl die Brotfrage ein Wort mit-
spricht, ergiebt sich aus dem Umstande, daß in Preußen nur
ca. 14 pCt. der unsicheren Privatmädchenschulen von Männern
geleitet werden, ca. 86 pCt. von Frauen; von den sicher fundierten
öffentlichen höheren Mädchenschulen hingegen ca. 92 pCt. von
Männern, nur ca. 8 pCt. (meistens katholische) von Frauen.
Ist die Frauenleitung so durchaus ungenügend, so dürfte sie an
den Privatschulen auch nicht geduldet werden.

Der zweite Umstand, der den Frauen in England ihre
Aufgabe so bedeutend erleichterte, ist schon erwähnt: das mittlere
und höhere Unterrichtswesen steht in England nicht unter der
Regierung. Das kann unter Umständen ein großer Nachteil
sein; es kann aber auch zum Vorteil werden; es hängt das
wohl mit der Kraft einer Nation zu eigener Initiative zusammen.
Wir haben in Preußen schon beides erfahren, den Vorteil und
den Nachteil. Es hat Zeiten gegeben, wo eine Hebung des
ganzen Schulwesens durch einen seine Aufgabe richtig erfassenden
Minister erfolgte; wir haben aber auch rückläufige Perioden
durchzumachen gehabt, die schwere Wunden geschlagen.

Die Entwicklung des englischen Lebens ist derart gewesen,
daß schwerlich je eine Bevormundung der Erziehung der Kinder
der gebildeten Stände geduldet werden wird; haben doch bedeutende Schulmänner, wie der Rev. Edw. Thring, selbst gegen
die Leitung des Volksschulwesens durch die Regierung Widerspruch erhoben. „Zum ersten Mal in der englischen Geschichte,"
meint er mißbilligend, „legt eine despotische Macht Geleise für
den menschlichen Geist und verlangt, daß alle sie befahren sollen

---

*) Die höhere Mädchenschule und ihre Bestimmung. Berlin, Appelius, 1888.

unb im Namen der Freiheit unb der Aufklärung gezwungen werden, dafür zu bezahlen."

Die prinzipielle Erörterung der Frage, ob es richtiger sei, den gebildeten Klassen eine Vereinbarung über die Art der Erzie=hung ihrer Kinder selbst zu überlassen unb nur durch Examina unb etwaige Verweigerung oder Gewähr gewisser Berechtigungen eine Kontrolle auszuüben, oder ob detaillierte Vorschriften unb genaue Überwachung zu einem besseren Resultat führen, liegt ganz außer dem Bereich dieser Schrift. Aber es liegt auf der Hand, daß in dem vorliegenden Fall, wo es sich um Mädchen=erziehung handelte, eine Sache, die nur von Frauen mit voller Begeisterung in Angriff genommen wird und naturgemäß wer=den kann, die absolute Freiheit des Handelns für die engli=schen Frauen unb Mädchen ein Vorteil war. Daß eine gewisse Einheitlichkeit, wie sie anderswo durch die Überwachung der Regierung hergestellt wird, wünschenswert war, sah man sehr wohl ein; man wußte sie zu erreichen durch Gründung einer umfassenden Gesellschaft. Im Jahre 1871 trat besonders durch die Bemühungen von Mrs. William Grey eine Anzahl von Männern unb Frauen zu einer »National Society for Improving the Education of Women of All Classes« zusammen; der lange Titel wurde später in »Women's Education Union« ab=gekürzt. Lord Lyttelton nahm sich der Bewegung auf das Leb=hafteste an, und es ist hauptsächlich seinen Bemühungen zu verdanken, daß Prinzeß Luise, Marchioness of Lorne, die Schwester unserer Kaiserin Friedrich, deren lebendiges Interesse für alle Erziehungsfragen sie teilt, den Vorsitz übernahm; sie hat seitdem mit großem Eifer für die Gesellschaft gewirkt, die viele der besten Namen Englands umfaßt.

Eine der Hauptaufgaben, die die Gesellschaft sich stellte, war die Begründung guter public day schools for girls, d. h. höherer Mädchenschulen (day schools im Gegensatz zu den mit Internaten verbundenen boarding schools). Zu diesem Zweck wurde eine »Girls Public Day Schools Company« gegründet, welche nach dem Muster der tüchtigen Privatschule von Miß Frances Buß nunmehr eine Reihe von Schulen eröffnete. Das erforderliche Kapital wurde rasch gezeichnet und wirft jetzt, wo die Gesellschaft 32 Schulen zählt, eine ausreichende Rente ab. Es sind in diesen Schulen bis zum März 1888 an 20,837 Mädchen unterrichtet worden, 32 Vorsteherinnen, 348 ständige Lehrerinnen und 130 Lehrkräfte für Extrastunden sind an denselben beschäftigt. Das Gehalt der Vorsteherinnen besteht teils in einem Fixum, teils in einer nach der Menge der Schülerinnen bemessenen Tantième, so daß es zwischen 300 und 700 £ schwanken mag; es gewährt selbst für England ein sehr behagliches Auskommen. Die Gesamtausgaben für Gehälter beliefen sich im letzten Jahre auf 60,617 £ 15 s. 10 d.; 1162 £ 11 s. 11 d. wurden für Freistellen und Preise ausgegeben. Gewiß ein Privatunternehmen, vor dem man alle Achtung haben muß.

Dem gegebenen Beispiel folgte man bald in allen Teilen Englands nach; andere Gesellschaften wurden gegründet, die im wesentlichen dieselben Ziele verfolgten, und die Anzahl der jetzt in England vorhandenen »high schools« — das ist der allgemein dafür angenommene Name — wird auf mindestens 150 geschätzt. Ihre Zahl vermehrt sich stetig. Sie üben auch auf die Leistungen der Privatschulen einen heilsamen Druck aus, und viele leistungsunfähige Schulen sind schon vor ihnen verschwunden.

Die high schools hatten sich vor allen Dingen vorgenommen, die Fehler zu beseitigen, die man den bisherigen Mädchenschulen in England mit großem Recht zum Vorwurf gemacht hatte, und die bei den Prüfungen so traurig zu Tage getreten waren: den Mangel an Gründlichkeit und Sicherheit in den Elementen; den Mangel an System; die Nachlässigkeit und glänzende Oberflächlichkeit; die Zeitverschwendung zu gunsten bloßer »accomplishments«, den Mangel an Organisation 2c. Es unterliegt keinem Zweifel, daß diese Absicht erreicht worden ist; man kann den englischen high schools die oben angeführten Mängel nicht vorwerfen. Die Vorsteherinnen derselben haben eine gründliche Bildung, ohne daß man bei ihnen gerade auf ein Spezialstudium sieht; man hat im Gegenteil lieber, daß sie eine Bildung besitzen, die sie befähigt, Spezialstudien zu schätzen ohne sie zu überschätzen, und man zieht solche vor, die Gelegenheit gehabt haben, noch etwas anderes kennen zu lernen als die Schulstube. Für die Lehrerinnen ist keine besondere Art der Vorbildung, kein bestimmtes Examen obligatorisch, wie das bei den unter der Regierung stehenden Elementarschulen der Fall ist. Es giebt besondere Seminare für Lehrerinnen an mittleren und höheren Mädchenschulen (in Cheltenham, London und Cambridge); viele Lehrerinnen — ihre Zahl ist im Steigen begriffen — empfangen hier ihre Vorbildung; andere, besonders die in den oberen Klassen angestellten, nur auf der Universität; sie ersetzen die akademisch gebildeten Oberlehrer. Manche unterwerfen sich dem seit 1880 in Cambridge, später auch in London eingerichteten Examen in der Theorie, Geschichte und Praxis der Erziehung; obligatorisch ist auch dieses nicht. Es kann sich also eine Lehrerin ihr Wissen lediglich auf privatem Wege erwerben; sehr viele der für fremde Sprachen angestellten thun das durch längeren Aufenthalt im Auslande.

Der Engländer schätzt die Methode außerordentlich hoch; besonders vor den deutschen Elementarmethoden mit ihrem bis ins Kleinste gehenden sorgfältigen Ausbau hat er großen Respekt. Um diese Methoden zu studieren, kommen alljährlich Lehrer und Lehrerinnen nach Deutschland; man sucht sich das Gute derselben anzueignen und für die eigene Lehrthätigkeit zu verwerten. Wenn nun trotzdem eine entschiedene Abneigung gegen den schon häufig gemachten Vorschlag, eine bestimmte technische Vorbildung oder wenigstens das oben erwähnte Examen obligatorisch zu machen, in England herrscht, so liegt das in dem nicht wegzuleugnenden Umstande, daß mit einer derartigen Einrichtung leicht ein gewisses Schablonentum Platz greift zum Schaden der echten, auf dem Gebiet der Erziehung doch nur allein wirksamen Individualität. Daher läßt man eine gewisse Wahl in der Art der Vorbildung. Auch ohne das gerade zu billigen, kann man doch den Erwägungen, die bei der Diskussion dieser Frage vorangestellt werden, eine gewisse Berechtigung nicht absprechen, doch würde die Erörterung derselben hier zu weit führen. — Wenn einem nun doch verhältnismäßig selten

Verstöße gegen anerkannte pädagogische Grundsätze aufstoßen,
— dahin gehört ein gelegentlich zu weit gehendes Vortragen —
so spricht das für die sorgfältige Auswahl der Lehrerinnen und
die tüchtige Leitung der Vorsteherinnen. Ein Zuhochgreifen in
Stoff und Darstellung habe ich kaum je gefunden.

In einem kürzlich in Berlin gehaltenen Vortrage über die
englischen Mädchenschulen hieß es, daß in denselben das
Diktieren eine sehr große Rolle spiele und daß die Lehrerinnen
mit „Haufen von Büchern“ das Katheder bestiegen. Ich kann
diese Erfahrungen als persönliche natürlich nicht bestreiten, aber
auch nicht bestätigen, da ich in 50—60 Stunden, die ich in
englischen colleges und high schools anhörte, nie Gelegenheit
hatte, sie zu machen. Ich habe auch nicht einen einzigen Satz
diktieren hören. Es scheint mir also doch eine nicht berechtigte
Verallgemeinerung auf Grund einer ungenügenden Anzahl von
Einzelbeobachtungen vorzuliegen. Es hieße in denselben Fehler
verfallen, wenn ich behaupten wollte, das Diktieren käme nie
vor. Ist es doch einer der Grundfehler des alten englischen
Schulsystems gewesen — bei uns soll es freilich auch nicht
unerhört sein — jedenfalls aber stellen sich die Schulleitungen
in ganz bewußten Gegensatz zu diesem alten System. Das
„mechanische Abrichten“ wird mit Erfolg von ihnen be-
kämpft. Der Unterricht· ist im ganzen ein gründlicher und
geschickter, und besonders auf der Oberstufe ist mir mehrfach
eine originelle, belebende Art der Behandlung entgegengetreten,
die dem Gegenstand auf eine ungewöhnliche Art beizukommen
und dadurch Interesse zu erregen wußte.

An den im Berufsleben stehenden englischen Frauen,
Lehrerinnen, Schulvorsteherinnen, Ärztinnen, die ich auch Gelegenheit hatte, in großen, schwierig zu leitenden Versammlungen
kennen zu lernen, muß einem überhaupt jetzt eine größere
Selbständigkeit und Originalität auffallen, die sie sehr vorteilhaft von der stereotypen Engländerin von vor 20 Jahren unterscheidet. Die gründliche Durchbildung, das energische, von
guten und klugen Männern unterstützte Handeln, hat ein ruhiges
und sicheres Selbstbewußtsein, fern von jeder Emanzipation,

und eine weitherzigere Weltanschauung gezeitigt. Es ist die Probe auf unser Exempel. „Es wächst der Mensch mit seinen größern Zwecken." Für uns eröffnet das eine frohe Aussicht. Auch unsere Stunde wird schlagen, und wir brauchen keine Konkurrenz zu scheuen, sobald man uns das eine gewährt hat, was nötig ist, um die latenten Kräfte zur Wirksamkeit zu rufen: Freiheit der Arbeit und ein geeignetes Feld für dieselbe.

Wenn die oben erwähnten Verhältnisse ihre umwandelnde Kraft in erster Linie an den Frauen zeigen, die innerhalb des Berufslebens stehen, so ist es doch, besonders da sich sehr viele Frauen aus den höchsten Kreisen für dasselbe auf das Lebhafteste interessieren, fraglos, daß eine viel eindringendere Reform des gesellschaftlichen Lebens die Folge davon sein wird. Wenn Kastenwesen und Standesvorurteile, wenn religiöse Engherzigkeit, wenn vor allen Dingen feststehende gesellschaftliche Traditionen bisher eine so große Rolle in dem politisch so freien England gespielt haben, so ist das nicht zum geringsten die Schuld seiner engherzigen, in Vorurteilen groß gewordenen Frauen gewesen. Durch die Frauen selbst wird darin ein glücklicher Umschwung eingeleitet werden.

Aber zurück zu den high schools. Ich will versuchen, einen Einblick in die Organisation derselben und das hier befolgte Unterrichtssystem zu geben und meine Gedanken darüber auszusprechen.

Der deutschen Besucherin fallen zwei Dinge sofort auf. Erstens der schon erwähnte Umstand, daß die Leitung ausschließlich in Frauenhand liegt; zweitens die Wahl der Unterrichtsstoffe.

An der Spitze jeder englischen high school steht eine Vorsteherin. Die der Anstalt ganz angehörigen Lehrkräfte sind weibliche; für einzelne Fächer werden wohl Männer angestellt, die also mit der Anstalt nur in losem, äußerem Zusammenhang stehen. Prinzipiell ausgeschlossen ist der Männerunterricht durchaus nicht; nur würde man nie einen Mann verwenden, wo Frauenunterricht zu haben ist. Das gilt selbstverständlich nur für die high schools; in den von erwachsenen Mädchen besuchten colleges ist der Unterricht gleichmäßig auf Männer und Frauen verteilt. Auf den eigentlichen Universitäten erhalten die Studentinnen sogar den wichtigeren Unterricht durch Männer, da sie zum Teil dieselben Vorlesungen mit den Studenten hören, ein System, das sich vorzüglich bewährt.

Und wie bewährt sich das in den Mädchenschulen befolgte System? Können wirklich Frauen ganz allein, ohne irgendwelche männliche Beihilfe, große öffentliche Schulen leiten? Die thatsächlichen Erfolge stellen das ganz außer Zweifel. Das Geschäftliche — für das selbst die wohlwollenden Vertreter der Fraueninteressen in Deutschland einen technischen Direktor vorschlagen — wird in mustergiltiger Weise erledigt; die Disziplin ist eine vorzügliche und wird mit sehr geringen äußeren Mitteln aufrecht erhalten. Eine bemerkenswerte Wohlerzogenheit bei aller harmlosen Fröhlichkeit und die völlige Abwesenheit des herausfordernden Tons, den sich Mädchen, die ausschließlich unter Männerleitung stehen, nur zu leicht aneignen, fällt angenehm auf. Das Uhrwerk des großen Schulorganismus bewegt sich mit geräuschloser Sicherheit; der Verkehr zwischen Lehrerinnen und Schülerinnen ist in weitaus den meisten Fällen ein freundlicher und herzlicher und die sittliche Haltung eine vorzügliche. Ehrenhaftigkeit gegen die Lehrerinnen gilt durchweg bei den Mädchen als guter Ton; sie wird verdient durch das Vertrauen, das den Kindern geschenkt wird, so lange sie sich desselben nicht unwürdig gezeigt haben.

Wenn das hier gezeichnete Bild sich so vorteilhaft von dem unterscheidet, das deutsche Kollegen von den Lehrerinnen an ihren Schulen häufig entwerfen, so hat das seinen guten Grund. Die englische Lehrerin und Vorsteherin genießt unbezweifelte äußere und innere Autorität. In der deutschen öffentlichen höheren Mädchenschule dagegen wissen und fühlen die älteren Schülerinnen sehr wohl, in wie geringem Ansehen das seminaristische Wissen ihrer Lehrerin bei den akademisch gebildeten Lehrern steht und eine wie niedrige Stellung sie — Ausnahmen natürlich abgerechnet — im Schulorganismus ein-

nimmt*). Kein Wunder, daß sie gelegentlich versuchen, ihr den
Respekt zu versagen, welcher der mit der besten Erziehung, die
das Land bietet, ausgestatteten Kollegin in England als
selbstverständlich gewährt wird. Da muß denn manchmal
ein scharfer Ton nachhelfen. Wo Frauen mit voller Auto=
rität wirken können wie in England, und Gottlob auch an
der deutschen Privatmädchenschule, so lange man ihr das Leben
läßt, trifft das schon ein, was Hermann Oeser in einer feinen
und treffenden Bemerkung für die Zukunft erwartet: „Ich
nehme als selbstverständlich an, daß manche Lehrerin, die sich
heute durch Schärfe in einem Kollegium „behauptet", dessen
männliche Mitglieder der Disziplin der Kolleginnen nicht
trauen, unter veränderten und wahreren Verhältnissen Liebe
nicht mehr für Schwäche und Schärfe nicht mehr für Größe
halten wird." Schaffen wir solche wahreren Verhältnisse; geben
wir der Lehrerin eine ausreichende Bildung und äußerlich die
ihr gebührende, einflußgebende Stellung, und die Klagen über
Schärfe, Verbitterung, Mangel an Disziplin, und was ihr sonst
von den Kollegen vorgeworfen wird, werden verschwinden.

Daß also die Mädchen unter Frauenleitung stehen, daß
die Frau bei ihrer Erziehung die erste Rolle spielt, kann nur
entschieden gutgeheißen werden; es fragt sich nun, ob die aus=
schließliche Verwendung von Lehrerinnen wünschenswert ist.
Ich habe mich schon wiederholt dahin ausgesprochen, daß ich
nicht der Meinung bin. Ich schätze männliche Verstandesschärfe
zu hoch, als daß ich sie für unsere Mädchen entbehren möchte;
ich erkenne an, daß der Unterricht des Mannes, gerade weil

*) Im 7. Heft der Buchner'schen Zeitschrift für weibliche Bildung
(1888) erwähnt ein Mädchenschuldirektor gelegentlich als allgemein bekannt, daß
Lehrerinnen an der öffentlichen höheren Mädchenschule keinen leitenden Einfluß
hätten. Die Bemerkung entspricht ja leider den Thatsachen; dem Ausländer
muß sie wie eine Ironie erscheinen. Lehrerinnen keinen leitenden Einfluß in
Mädchenschulen! Die Zeitschrift für weibliche Bildung hat überhaupt,
sehr im Gegensatz zu dem liberalen Verhalten der „Mädchenschule" (Heffel
und Dörr), in der Lehrerinnenfrage eine Haltung beobachtet, die mit ihrem Titel
kaum in Einklang zu bringen ist. Im Grunde zwar kann ihre Art der Polemik
unserer Sache nur nützen.

dem Mädchen darin viel der eigenen Auffassung Fremdes ent=
gegentritt, fördernd und anregend wirkt, vorausgesetzt, daß
er sich auf einem Gebiet bewegt, auf dem die Eigenart
der Frau nicht durchaus notwendig erscheint; vorausgesetzt,
daß der Mann nicht Fächer zu vertreten hat, zu deren wirk=
samer Bearbeitung mit noch unerzogenen Mädchen Gleich=
heit des Denkens und volles Verständnis der Mädchennatur
unerläßliche Bedingungen sind. Darum wünsche ich ein Zu=
sammenwirken des Mannes mit der Frau beim Unterricht der
Mädchen, freilich so, daß, wie es in der Natur liegt, die Frau
dabei die erste Stelle erhält. Das Verhältnis besteht ja in der
Weise thatsächlich und zu allseitiger Befriedigung an guten
deutschen Privatmädchenschulen.

System gegen System gehalten, ist das englische dem in
unseren öffentlichen höheren Mädchenschulen befolgten ent=
schieden vorzuziehen. Besser die Einseitigkeit, die die heran=
wachsenden Mädchen in der Schule lediglich in Frauenhand
giebt, — eine Einseitigkeit, die ja ihr unbeanstandetes Analogon
in der Knabenschule hat — als die Unnatur, die Männer in
leitender und Frauen in einflußloser Stellung, ohne wissenschaft=
liche Durchbildung, den Mädchen gegenüberstellt. Damit wird
systematisch in Deutschland eine Überschätzung des männlichen
und eine Unterschätzung des weiblichen Elements und weiblicher
Fähigkeiten bei den Mädchen großgezogen, die für die Heraus=
arbeitung ihrer Individualität, für die Erfüllung ihrer späteren
Verpflichtungen geradezu verhängnisvoll werden muß; es wird
die Entwickelung der edelsten weiblichen Eigenschaften, die hier
wie überall vorzugsweise an das Beispiel geknüpft ist, nicht
nur nicht gefördert, sondern geradezu gehemmt; das ist der
schwere Schaden in unserer öffentlichen höheren Mädchenschule.

Als Experiment betrachtet, ist das englische System
jedenfalls interessant. Was in Deutschland als Möglichkeit
nicht nur von Männern, sondern auch von vielen Frauen ge=
leugnet wird (auf ihr Studium fremder Schulverhältnisse wirft
das jedenfalls ein eigentümliches Licht) existiert hier als That=
sache. Frauen leiten ohne die geringste männliche Unterstützung

große Mädchenschulen, die unseren öffentlichen in nichts nach=
stehen, ja, eine weitergehende wissenschaftliche Bildung geben
wie diese. Sie zeigen sich den damit verbundenen Aufgaben in
Bezug auf Organisierung, Unterricht, Verwaltung und Dis=
ciplin völlig gewachsen; auch vor der Aufgabe, bei Gelegenheit
Ansprachen an die Kinder zu halten, der deutsche Pädagogen
die Frau nicht gewachsen glauben, scheuen sie nicht zurück.
Man kann zwar alles das auch in Deutschland sehen, da unter
den von Frauen geleiteten Privatschulen sich auch eine Anzahl
recht großer befindet; man spricht da aber immer von „Aus=
nahmen" oder nimmt an, der erste Lehrer der Anstalt sei eigent=
licher Regent. Solche Fiktionen können den berichteten That=
sachen gegenüber nicht mehr aufrecht erhalten werden.

Die Frauenleitung offenbart sich dem deutschen Besucher
der englischen high schools gelegentlich auch in charakteristischen
Eigentümlichkeiten. Es ist auf Fraueneinfluß zurückzuführen,
daß sich eine Gesellschaft für die Ausschmückung der Schul=
zimmer gebildet hat. Man ist bemüht, ihnen das Kasernen=
artige zu nehmen. Die Schülerinnen selbst legen ein Blumen=
fenster an, oder sie tragen eine Stein=, eine Muschelsammlung
zusammen, oder sie schmücken ihr Klassenzimmer mit Bildern.
Auch der Kamin wird im Sommer mit Farnkräutern oder
blühenden Blumen bestellt. Wem fiele nicht Montaigne ein:
„Man sollte die Schulzimmer mit Blumen bestreuen."

Für alles Gesundheitliche ist man auf das sorgfältigste
bedacht. Die Subsellien sind nach dem allerbesten System ge=
arbeitet. Jede der Schülerinnen hat ihr eigenes Pult mit daran
befestigtem Sitz, allen Anforderungen der Hygiene entsprechend.
Vorzügliche Ventilationsvorrichtungen sorgen für frische Luft,
die in England in unglaublichem Maße konsumiert wird. Ver=
fasserin gesteht offen, daß ihr deutscher Organismus sich manch=
mal dem Kreuzfeuer von zwei, drei Luftzügen nicht gewachsen
zeigte.

Wie in den Colleges, so wird auch in den high schools für
körperliche Bewegung in der ausreichendsten Weise gesorgt. Es

geschieht das hier durch Turnen, zu dem die Mädchen fast alle Tage, und sei es für eine halbe Stunde, angehalten werden.

Auch für die Reinlichkeit wird ganz besondere Sorge getragen. Die Einrichtungen im Wasch- und Ankleidezimmer sind mustergiltig. Eine außerordentlich praktische Vorkehrung scheint mir, daß jedes Kind in der Schule die Stiefel auszuziehen hat wenn es kommt, um dafür ein Paar niedriger Schuhe, an denen keine Absätze geduldet werden, anzuziehen. In einer langen Reihe numerierter Fächer sind die Fußbekleidungen aufgestellt. Hier spricht freilich der englische Geldbeutel ein Wort mit!

Einzelne andere Einrichtungen der englischen high schools, die ihnen freilich nicht eigentümlich sind, sondern als System durch ganz England gelten, haben mir gründlich mißfallen; das sind die vielen Examina, die öffentlichen Belobigungen, die goldenen Listen und dergl.; sie scheinen mir für Kinder bedenklich. Einzelne Vorsteherinnen haben diese Dinge auch beschränkt; auch in dieser Beziehung wird nicht uniformiert, sondern eine gewisse Freiheit gelassen; die öffentliche Meinung aber hält an diesen Einrichtungen so hartnäckig fest, daß doch wenigstens durchweg den Prüfungen ein bestimmender Einfluß auf den Unterricht gewährt werden muß.

Die Kurse der englischen high schools erfordern wie die der deutschen Gymnasien zu ihrer völligen Absolvierung einen Schulbesuch bis zum 18. oder 19. Jahre, und da das englische Mädchen doch nicht früher in das gesellschaftliche Leben eintritt, so läßt man sie vielfach die Schule so lange besuchen, wenn sie auch in den oberen Klassen nicht alle Fächer mitnimmt.

Was nun den Unterricht selbst betrifft, so fällt zunächst der in den ersten Anfangsgründen fort, da beim Eintritt in die englischen high schools, der meistens mit 8 Jahren erfolgt, Schreiben, Lesen und Rechnen bei den Kindern vorausgesetzt wird. Diese Elementarfertigkeiten werden in Kindergärten erworben, die nur hin und wieder mit den high schools in Verbindung stehn. In den ersten Jahren werden dann so ziemlich dieselben Fächer betrieben wie bei uns; nur spielt das Englische nicht dieselbe Rolle, wie bei uns das Deutsche. Die Anzahl der Stunden ist geringer, da der Sonnabend völlig freigegeben wird. Etwa vom 12. Jahre ab tritt dann das Lateinische und Mathematik auf, denen meistens von da ab aufsteigend ein immer breiterer Raum gewährt wird, wenn auch nicht ganz in demselben Maß wie in den Knabenschulen. Er wird, wie hier und in unseren eigenen Knabenschulen, gewonnen auf Kosten der Muttersprache und der modernen Sprachen, häufig auch der Geschichte. Ein Normalplan ist von den Gesellschaften, die die high schools gegründet haben, nicht aufgestellt, da man nur auf günstige Resultate rechnen zu können glaubte, wenn man der Individualität der Vorsteherinnen einigen Spielraum ließe; so liegt es in deren Hand, auf welche Seite des Unterrichts das stärkste Gewicht gelegt werden soll. Da aber von den high schools aus häufig das junior- und senior-Examen ab- gelegt wird, da ferner die Schülerinnen von dort aus häufig die Universität besuchen, so ist doch ein Vorwiegen der klassischen und mathematischen Studien in den Oberklassen der englischen high schools Regel. Es werden die auch bei uns gebräuch- lichen lateinischen und griechischen (das Griechische ist fakultativ) Autoren gelesen, in der Geometrie der Euklid bis zum XI. Buch inkl. durchgearbeitet, in der Algebra mit quadratischen Gleichun- gen und dem binomischen Satz abgeschlossen. In den oberen Klassen ist vieles fakultativ.

„Man hat alle Ursache," sagt Dr. E. Schöll in der Schmidt'schen Encycl. (2. Aufl., 3. Bd., S. 1130), „mit den Leistungen dieser Schulen zufrieden zu sein. Es wird auf Gründ- lichkeit des Unterrichts gedrungen und das Schaugepränge ver- mieden .... Die Prüfungsresultate in den einzelnen Fächern, wie Bibelkenntnis, Mathematik, Geographie und Deutsch waren bis jetzt meist und zum Teil sehr befriedigend" und f. S.: „Die Erfahrung hat gezeigt, daß tüchtige Frauen, was umsichtige Leitung, Disziplin und Mitteilung von Kenntnissen betrifft, Männern nicht nachstehen." — Der Ausspruch ist als der eines Mannes hier von doppeltem Wert, um so mehr als Schölls Urteil über die englischen Schulen im allgemeinen sehr scharf ist.

Aber eines Bedenkens kann ich mich doch hinsichtlich des

Syftems der englifchen high schools nicht erwehren. Es hat
zwar ein Recht, zunächft in Bezug auf das, was es erreichen
will, beurteilt zu werden. Das ift ausgefprochenermaßen eine
gründliche intellektuelle Bildung. Es ift kein Zweifel, daß
diefe durch das Syftem erreicht werden kann, refp. erreicht
wird. Es ift ja dasfelbe, das man feit Jahrhunderten in den
Knabenfchulen befolgt.

Aber ift das Syftem an und für fich berechtigt? Soll eine
in der Hauptfache formale intellektuelle Bildung Endziel der
Schule fein?

Ich muß zur Beantwortung diefer Frage etwas weit aus-
holen.

V.

Es giebt ein reizendes franzöfifches Märchen von Jean
Macé. Es handelt von einem kleinen Knaben, der immer
der Erfte in der Schule war und große Dinge da gelernt
hat: er weiß, wann Rom gegründet ift, kann einen abfoluten
Hauptfatz von einem relativen unterfcheiden und weiß die De-
partements der Loire am Schnürchen. Er hat eine kleine Freun=
din, die nur eins gelernt hat: il faut obéir au bon Dieu et
être bon comme lui avec tout le monde. Er findet daher,
daß feine kleine Freundin keine paffende Spielgefährtin mehr
für ihn ift; da nimmt eine gütige Fee beide an die Hand und
führt fie zuerft zu einem großen Hiftoriker, dann zu der erften
Schriftftellerin des Landes; fie verfetzt fie endlich in ein zu=
künftiges Zeitalter, mitten nach Centralafrika, das zu jener Zeit
das civilifiertefte Land des Erdballs ift. Überall wird der
Knabe befchämt: der große Hiftoriker zeigt ihm wie wenig feine
Weisheit von der Gründung Roms feftfteht; die Schriftftellerin
lacht ihn mit feinen Hauptfätzen aus, und von den Departe=
ments der Loire weiß niemand mehr etwas in jenem zukünftigen
Zeitalter; fie find bei einem großen Erdbeben im Jahre 2500
n. Chr. verfchwunden. Alles aber beugt fich vor dem, was das
kleine Mädchen gelernt hat, und auch nach Taufenden von Jahren

ist und bleibt die höchste Weisheit: il faut obéir au bon Dieu et être bon comme lui avec tout le monde.

Das heißt auf eine Formel gebracht: die sittlichen Wahrheiten sind wichtiger als alles Wissen.

Damit sind wir aber noch nicht fertig. Die Frage ist nun: 1) was ist sittlich? 2) wie weit und wodurch kann eine Einwirkung auf das sittliche Wollen, speciell beim Kinde, stattfinden? und endlich 3) wie weit hat die Schule damit zu thun?

Was ist sittlich? Das Kind im Märchen antwortet: il faut obéir au bon Dieu et être bon comme lui avec tout le monde. Der Philosoph sagt: sittlich ist das, was, allgemein zur Ausübung gebracht, die höchstmögliche Glückseligkeit aller Menschen gewährleistet.

Die beiden Sätze verhalten sich offenbar wie das Ideal zum Erreichbaren. Gut sein wie Gott gegen jedermann, das heißt wie die Vorsehung mit der Menschheit verfahren. Das setzt göttliche Vollkommenheit, setzt Allweisheit und Allwissenheit voraus. Das ist unerreichbar, wenn es auch unser Streben beeinflussen soll. Und es ist gut, daß der Menschheit ein Unerreichbares, ein Ideal bleiben muß.

Den Weg dahin aber weisen die, die das Herz voll göttlicher, erbarmender Liebe haben. Sie sind die Größten des Menschengeschlechts. Zu ihnen sehen wir auf; sie ehren wir wie die Gottheit; „ihr Beispiel lehrt uns jene glauben."

Thun, was, allgemein zur Ausübung gebracht, die höchstmögliche Glückseligkeit aller Menschen gewährleistet. Das ist als erreichbar wenigstens zu denken. Die Principien, nach denen zu dem Ende gehandelt werden muß, sucht die Menschheit in gewaltiger intellektueller Arbeit; in rohester Form soll sie das äußere Gesetz bieten; die Irrtümer und Fehler desselben lassen den jedesmaligen Begriff der Sittlichkeit, der eng mit dem intellektuellen Standpunkt zusammenhängt, erkennen. So führt uns beides zur Sittlichkeit, Religion und Wissenschaft.

Die enge Verbindung zwischen Sittlichkeit und Intellekt ist nun eine Wahrheit, die das Kindermärchen nicht lehren kann; auch auf diesem Gebiet, wie auf so vielen, muß zuerst durch

Scheidung eine scharfe Definition ermöglicht werden, ehe zu=
sammengefaßt werden kann. Für uns Erwachsene aber ist der
Satz, daß zu echter Sittlichkeit nicht nur Wille, sondern auch
Einsicht nötig sei, richtige Wertschätzung der Dinge und der
Ideen, eine abgedroschene Wahrheit. Ein Autodafé erscheint
uns nicht sittlich, auch wenn es aus reinster Überzeugung her=
vorgegangen; selbst die sinnlose Aufopferung einer Mutter, die
sich in ihrem Sohn dadurch einen selbstsüchtigen Schwächling
heranzieht, kann uns, so hoch wir völlige Selbstaufopferung
schätzen, nicht als sittlich erscheinen.

In ihrer Kindheit konnte die Menschheit den sittlichen und
den intellektuellen Teil ihres geistigen Lebens von einander un=
abhängig glauben; wir wissen heute, daß sie nur zusammen
einen Fortschritt ermöglichen: „daß wir unsere Pflicht thun
wollen, ist der moralische Teil, daß wir wissen, wie wir sie
zu thun haben, ist der intellektuelle Teil. Je genauer diese
beiden Teile miteinander verbunden sind, desto größer ist die
Harmonie, mit der sie wirken, und je genauer die Mittel dem
Zweck entsprechen, desto vollständiger wird die Bestimmung
unseres Lebens erfüllt und die Grundlage für den weiteren Fort=
schritt der Menschheit gelegt werden." So Buckle in seinen
grundlegenden Kapiteln über diese Materie.

Wenn nun aber logisches Denken und ein weiter geistiger
Horizont als sehr wichtige Faktoren zu echt sittlichem Han=
deln gelten müssen, so führen sie andrerseits an und für sich
durchaus noch nicht zur Sittlichkeit. Wäre dem so, so hätte
intellektuelle Kultur nicht so oft seit Rousseau in paradoxen
Essays mit dem Gegenteil verbunden werden können. Es muß
die Gewohnheit dazu kommen, diese Faktoren auf ethischem
Gebiet zu verwerten, und es muß als Hauptfaktor der sittliche
Wille dazu kommen. Und das führt uns auf die zweite Frage:
wie weit und wodurch kann eine Einwirkung auf das sittliche
Wollen, speciell beim Kinde, stattfinden?

Die Antwort liegt schon in dem vorhin Gesagten. Eine
solche Einwirkung kann direkt stattfinden durch religiöse Unter=
weisung, sie muß aber auch indirekt stattfinden auf dem Um=

wege durch den Intellekt; die richtige Einsicht muß vermittelt werden. In beiden Fällen aber wird die Unterweisung nie abstrakt sein dürfen. Das Kind scheut vor Predigten zurück. Aber es ist einem anderen im höchsten Grade zugänglich, der Wirkung auf seine Einbildungskraft, der Begeisterung. Daher die Wirkung des Beispiels, des Symbols, der Poesie. Den sittlichen Willen entzünden wir am sichersten durch die Vorführung hoher, edler Menschengestalten aus religiöser und profaner Geschichte wie aus der Dichtung.

Was hat nun endlich die Schule damit zu thun? Nach der Meinung vieler garnichts. Da ist sie nur Wissensfabrik; da soll sie möglichst schon d i e Kenntnisse übermitteln, die die Grundlage des zukünftigen Berufs bilden, soll Fachvorschule sein. Nach der Meinung der größten Pädagogen aber hat sie eine ganz andere Aufgabe, und die fällt ihr, wie die Familienverhältnisse heute liegen, gerade jetzt mehr wie je zu. Sie hauptsächlich kann systematisch auf die Entwicklung des sittlichen Willens und die Entfesselung der geistigen Kraft einwirken; sie kann das am besten, indem sie in die Betrachtung menschlichen Thuns und Treibens einführt. Menschliches Leben ist nun einmal der Gegenstand unserer Erkenntnis; an ihm soll der Intellekt sich üben, an ihm richtige Einsicht gewinnen; an ihm soll die Wirkung ethischer Gesetze gezeigt werden. Ich bin schon früher einmal für ein Fach „Lebenskunde" eingetreten; wenn auch nicht den Namen, die S a c h e sollten wir haben. Den Rahmen, in den sich die hierhergehörigen elementaren ethischen, nationalökonomischen, gesellschaftlichen und technischen Begriffe einschließen lassen, haben wir in den landläufigen Schulfächern. In der Religion können wir nicht nur sittlicher Erkenntnis, sondern sittlicher Wirkung sicher sein, wenn wir nicht Dogmengeschichte geben, sondern die unmittelbare Einwirkung göttlichen Lebens auf menschliches zeigen, die Thatsachen des Gewissens, der Nächstenliebe, der Freude am Guten in den Mittelpunkt des Unterrichts rücken und ihre Wirkungen am eigensten Leben des Kindes und der Welt, in der es sich bewegt, veranschaulichen; wenn wir das Kind lehren, sich in jedem Augenblick seines Lebens unter dem Auge Gottes zu fühlen. In der Geschichte

können wir Intellekt und sittliches Wollen zugleich üben, indem
wir einführen in Ereignisse und Kulturverhältnisse der Ver=
gangenheit und der Jetztzeit; indem wir die Dinge aus der
Vogelschau ansehen und so in ihrem wahren gegenseitigen Ver=
hältnis erfassen lehren; indem wir zeigen, wie auf die Dauer
immer und überall die großen sittlichen Ideen den Sieg davon=
tragen. Im deutschen Unterricht endlich ist die beste Gelegen=
heit geboten, alles das im freiesten Austausch zu erörtern, an=
knüpfend an die großen Ideale, die unsere Dichter geschaffen.
So lehrt die Schule das Leben erfassen und verstehen, indem
sie auf eine höhere Warte steigen lehrt und überall das ethische
Ziel unverrückt im Auge hält. Und darum erscheint mir die
Theorie richtig, welche die sogenannten ethischen Fächer, Religion,
Geschichte und Deutsch, in den Mittelpunkt des Schulunterrichts
stellt*). Das Menschliche und Sittliche wird damit unmittelbar
Mittelpunkt des Denkens; an ihm bildet sich Intellekt und
Gemüt, an ihm entwickelt sich geistige Kraft und sittlicher
Charakter, und somit trifft der Idealismus, wie so oft, so auch
hier mitten ins Schwarze. Denn wenn wir geistige Kraft und
sittlichen Charakter entwickeln, so haben wir viel besser für das
wirkliche Leben vorbereitet, als die, welche den Kopf nur mit
ödem, positivem Wissen erfüllen; gegen sie ist das Macé'sche
Märchen so recht eigentlich geschrieben. Positives Wissen wird
von selbst erreicht, da wir ja nur an positivem Material arbeiten
können; Denken lernt man nur an Thatsachen. Diese werden
aber fester haften und, wenn verloren, leichter wieder errungen
werden können, wenn sie in begrifflichem Zusammenhange, in
selbständiger geistiger Thätigkeit erfaßt sind, als wenn sie als
zerstreutes Vielfaches dem nicht danach verlangenden Geist auf=
gedrängt werden.

---

*) Diese Theorie erscheint mir, es braucht das kaum erwähnt zu werden,
ebenso richtig für Knaben= wie für Mädchenschulen; ich erkenne an, daß sie für
erstere, die in ein durch äußere Umstände aufgenötigtes System gepreßt sind,
augenblicklich schwer zu verwirklichen wäre; in der Mädchenschule sind wir Gott=
lob weniger durch äußere Umstände an der Durchführung rein pädagogischer
Principien gehindert.

Hier liegt nun freilich die Schwierigkeit! Es ist unendlich viel schwerer, Lehrer zu finden, die einer solchen Behandlung der ethischen Fächer gewachsen sind, als gute Lehrer für die mehr oder rein intellektuellen Fächer, für Naturwissenschaften, für Mathematik, für Sprachen: für diese Fächer ist eben nur ein guter Kopf, für die ersteren ein ganzer, innerlich durchgebildeter Mensch nötig. Viele Lehrende, denen die ethischen Fächer anvertraut werden, wissen daher mit der ethischen Seite derselben nichts anzufangen. Wie viel wird sowohl in den Mädchen- wie in den Knabenschulen in der Religion nur Dogmatik getrieben, in den deutschen Stunden nur philologische Allotria, in der Geschichte nur ein Einpauken von Thatsachen und fertigen Urteilen. Solch ein Unterricht ist allerdings fast schlimmer als keiner; so geht beides leer aus: das sittliche Gefühl und der Intellekt, und der Geist gewöhnt sich an ein Spiel mit Formeln, die für das eigene Urteil später ein schweres Hemmnis werden. Was auch sonst seine Fehler sein mögen, diesem entgeht ein rein auf formal-intellektuelle Bildung gerichtetes System.

Ein anderer, noch gewichtigerer Grund wird wohl gegen die starke Betonung der ethischen Fächer und zu Gunsten der rein intellektuellen aufgestellt. Die ethischen Fächer geben einen ganz gewaltigen Einfluß auf die Entwicklung des Charakters. Eine kräftige Individualität — und nur eine solche wirkt auf die Schüler — bringt auch bei dem sorgfältigsten Streben nach Objektivität ihre eigene Auffassung in der Behandlung der Religion, der Geschichte, der Dichtung zur Geltung und beeinflußt das ganze innere Leben der Schüler, oft weit stärker als die Familie. Wie viele Väter und Mütter müssen fühlen, daß sich das geistige Leben ihrer Kinder, besonders in den späteren Jahren des Schullebens, ihrer eigenen Einwirkung fast völlig entzieht. Wo die Stärke eines Systems liegt, liegt eben auch seine Schwäche. Die Gedankensuggestion, die auf diese Weise von der Schule aus getrieben wird, kann einer ganzen Nation zum Segen, sie kann ihr aber auch zum Unsegen gereichen, das läßt sich nicht verkennen. Aus dieser Empfindung heraus ist entschieden die Bewegung entstanden, die den Religionsunterricht aus der Schule entfernen möchte, und nur aus dieser Empfindung heraus läßt sie sich begreifen.

Aber eben dieses Beispiel bringt uns auch auf den eigentlichen Grund einer etwaigen Gefahr. Sie kann lediglich dann entstehen, wenn versucht wird, den ethischen Unterricht in den Schulen nach einer bestimmten Richtung hin zu beeinflussen durch dahin zielende Regulative, durch ein diesem Zweck angepaßtes Beförderungs- und Zurücksetzungs-System. Die Geschichte der Schulen hat solche Perioden aufzuweisen; eine derselben ist noch in lebhafter Erinnerung. Wenn in dieser Weise der freie Geist geknechtet, der ethische Unterricht Tendenzzwecken dienstbar gemacht wird, wenn er in seiner jedesmaligen Färbung alle etwaigen Schwankungen maßgebender Kreise mitmachen muß, wenn die Gesinnung uniformiert und patentiert werden soll, dann wäre freilich das System vorzuziehen, das den rein intellektuellen Fächern den Vorrang gewährt. Dann, aber auch nur dann, hat das andere System Gefahren. Wird aber der Individualität eine gewisse Freiheit gewährt, so wird nie von einer ernstlichen Gefahr die Rede sein können. Individualitäten wirken immer anregend; sie allein können „Herz zu Herzen schaffen", weil es ihnen recht von Herzen geht. Die Einseitigkeit der einen Individualität wird durch die andere aufgehoben; der Schüler fühlt durch sein ganzes Schulleben hindurch, daß Menschen auf ihn wirken, Menschen mit eigenem inneren Leben und heiligen Überzeugungen, nicht bloße Figuranten. Nur durch Menschen von ausgesprochener Individualität kann ein Schulwesen hochkommen, nur durch Achtung vor der Individualität sich auf der Höhe erhalten. Es ist ein erfreuliches Zeichen für die steigende Beachtung, die die Notwendigkeit innerer Selbständigkeit und individueller Bedeutung im modernen Bewußtsein findet, daß selbst auf dem Gebiet des Militärwesens der Geist des Führers durch Abschaffung starrer Formen freigemacht wird zu selbständigem Entschluß, daß selbst für die einzelnen Soldaten das feste Zusammenschließen zu Kolonnen nicht mehr zeitgemäß erscheint. Wie viel eher wird da die Notwendigkeit verstanden werden, auch im Schulwesen der berechtigten Eigenart selbständiger

Geister Spielraum zu lassen und ihnen dadurch eine möglichst ausgiebige Wirksamkeit zu sichern; wie viel eher wird begriffen werden, daß auch hier die „zerstreute Ordnung" sicherer zum Ziel führt, als die „geschlossene"; die Gleichmäßigkeit der wissenschaftlichen Leistung ist dabei ebenso wenig aus= geschlossen, wie Gleichmäßigkeit der technischen Ausbildung bei den Soldaten.

Jedenfalls muß aber auch dem Schüler eine Waffe in die Hand gegeben werden, die es ihm ermöglicht, in wachsender Selbständigkeit seinen Lehrern gegenüber zu treten; der Geist muß allmählich frei gemacht, zu einer Kontrolle über das, was der Lehrer sagt, befähigt werden, damit dem jurare in verba ma=gistri vorgebeugt werde; das geschieht am besten durch eine gründliche formale Bildung, durch Pflege der mehr intellektuellen Fächer. Sie in den Mittelpunkt zu stellen ist darum nicht rat=sam, weil leicht eine gewisse Kälte des Gemüts, ein echter Be=geisterung unfähiger Egoismus großgezogen wird. Echte und tiefe Bildung wird immer nur an der Betrachtung von Menschen=welt und Leben erzogen; wenn in Verbindung damit die Natur=wissenschaften eine vernünftige Pflege erfahren, da das geistige Leben nur im Zusammenhang mit dem körperlichen, der Mensch nur im Zusammenhang mit der Natur voll verstanden werden kann, so ergäbe das meiner Meinung nach die echte huma=nistische Bildung. Daß das System unter den oben erörterten Voraussetzungen Schaden bringen kann, stößt die Gültigkeit der ihm zu Grunde liegenden Gedanken nicht um, jedes System ist des Mißbrauchs fähig; eben so wenig der Umstand, daß es nur unter tüchtigen Lehrern Erfolg verspricht; es giebt auch nur wenige Gertruds, und doch sind die Gedanken Pestalozzis unanfechtbar.

Diese humanistische Bildung, Knaben in der Hauptsache von Männern, Mädchen in der Hauptsache von Frauen gegeben, wäre mein Schulideal. Eben weil die ethischen Fächer diese Macht über die Gemüter, diesen unbedingten Einfluß auf die Charakterentwicklung geben, darum habe ich sie in der Mädchen=schule für die Lehrerinnen beansprucht. Daß noch nicht bei allen die Einsicht in die Bedeutung gerade dieser Fächer vorhanden ist, davon zeugt das naive Erstaunen, das selbst manche Lehrerin über diese Wahl an den Tag legte.

Wenn wir nun die deutschen und die englischen Mädchen= schulen vergleichen, so ist es offenbar, daß wir mehr den ethischen, die Engländer den intellektuellen Unterricht betonen. Beide sind vielleicht ein wenig ins Extrem gegangen; im ganzen stehe ich, wie eben ausgeführt, entschieden auf unserer Seite. Den Wert unseres deutschen Systems an seinen Wirkungen nachzuweisen, wird einstweilen schon aus dem Umstande unmöglich sein, weil es aus mehreren Gründen auch bei uns noch zu keiner recht wohlthätigen Wirkung hat gelangen können. Es scheint mir überhaupt zweifel= haft, ob ein solcher Nachweis je möglich sein wird. Wer will den subtilen Fäden, die zu einer sittlichen Wirkung zusammen= laufen, in ihrem Verlauf nachspüren? Man kann nicht Menschen wie Fabrikware auf Bestellung nach einem Modell fertigen. Individualität und äußere Umstände bestimmen darüber, ob die Samenkörner, die wir ausstreuen, Wurzel schlagen. Wir haben unbekümmert darum weiter zu arbeiten; ein Durchschnittserfolg wird sicher nicht ausbleiben, wenn er auch nicht immer greifbar ist; die feinere Sittlichkeit gehört eben zu den Imponderabilien.

Einen Unterricht wie unseren deutschen finden wir nun in den englischen high schools, wo er natürlich „Englisch" heißen müßte, sehr selten, wenigstens in der Ausdehnung und mit dem klaren Zielbewußtsein, das sich in unserer Idee damit verbindet. Eine Entschuldigung ist allerdings dafür anzuführen: wir finden in unserer Litteratur gerade für diesen Zweck einen ganz anderen Anhalt, als die Engländer. Es giebt keine Litte= ratur in der Welt, die so geeignet wäre zu ethischer Wirkung und zugleich so rein und edel, daß sie in ihren Meisterwerken auch für Kinder unbedenklich in gleichem Maße verwertbar wäre wie die deutsche. Es würde eine schwierige Arbeit sein, aus der englischen Litteratur — von der französischen garnicht zu reden — einen Kanon von Dichterwerken zusammenzustellen, die ge= eigneten Unterrichtsstoff böten, und doch wäre mit aller Mühe nichts zu finden, was an Mannigfaltigkeit, Reinheit und Tiefe der Wirkung auf ein eben zum Selbstbewußtsein erwachendes

Gemüt sich mit Schillers und Uhlands Gedichten, mit Hermann und Dorothea, Jphigenie, Tasso, der Jungfrau, dem Nathan auch nur im Entferntesten messen könnte.

Trotz alledem sollte und müßte aber auch mit dem Vorhandenen in geeigneter Weise gewirkt werden. Es ist zwar der (freilich vielfach nur fakultative) Religionsunterricht da, doch aber müßte neben diesem unmittelbar an das Herz, an den Glauben sich wendenden Unterricht ein anderer bestehen, der für dieselben Wahrheiten auf dem Umwege durch den Intellekt zu wirken suchte. Dieser Mangel im englischen Schulwesen — in den Knabenschulen liegt er in gleicher Weise vor — wird aber auch vielfach empfunden, und man sucht nach Mitteln, ihm abzuhelfen. Eine kleine Broschüre von E. A. Manning: Moral Teaching in Schools weist darauf hin und schlägt einen elementar gehaltenen Kursus in Ethik zur Abhilfe vor; wir würden da mit unserem „deutschen“ Unterricht — NB. wenn er richtig erteilt wird! — immer noch im Vorteil sein, weil er unmerklich und als selbstverständlich, an hohe und edle Phantasiegestalten anknüpfend, das übermittelt, was ein solcher Kursus in der Ethik nur systematisch und so zu sagen absichtlich geben kann. Vielleicht ließe sich doch unter stärkerer Herbeiziehung der Prosalitteratur, als das bei uns nötig ist, ein litterarischer Mittelpunkt für solchen ethischen Unterricht schaffen.

Der Mangel im englischen Schulwesen wird nun zwar — das muß erwähnt werden — durch einige Faktoren, die das häusliche und gesellschaftliche Leben in England bietet, zum großen Teil wieder ausgeglichen, Faktoren, die zum Glück mächtig genug sind, auch die Nachteile wieder auszugleichen, die eine mit deutschen Begriffen unverträgliche zu große Nachsicht in der ersten Kindheit mit sich bringen muß. Das sind 1. eine vorzügliche Kinderlitteratur, 2. Anleitung zu praktischer Wohlthätigkeit von der frühesten Kindheit an. Eine angeborene Wahrhaftigkeit und eine entschiedene Energie des Willens kommen dazu.

Ich kann nur kurz auf die beregten Punkte eingehen. Wenn unsere klassische Litteratur unvergleichlich mehr zu ethischer Verwertung für die Jugend geeignet ist als die der Engländer, so schlägt hingegen ihre unterhaltende Litteratur für Kinder und besonders für junge Mädchen, wie sie durch Miß Yonge, Maria Edgeworth, Louisa Charlesworth, Florence Montgomery, Miß Sewell und sehr viele andere vertreten ist, unsere Clara Cron, Clementine Helm und wie sie heißen mögen, vollständig aus dem Felde. Wir haben den oben genannten Schriftstellerinnen eigentlich nur die einzige Ottilie Wildermuth in ihrer gesunden, wenn auch manchmal etwas nüchternen Lebensauffassung gegenüber zu stellen. Im übrigen aber krankt unsere Litteratur für junge Mädchen an dem sehr bedenklichen Übelstande, daß sie in eine unwahre Welt einführt, ihnen die Freuden des Ballsaals, der Gesellschaft, der Kränzchen ꝛc. in glänzendem und falschem Lichte darstellt und alles thut, um Regungen zu verfrühen, die weit besser noch ein paar Jahre schliefen. Die englischen Schriftstellerinnen aber stellen ihre jungen Leserinnen vor ihrem Alter angemessene psychische Probleme und bringen sie zum Nachdenken darüber; sie stellen die Welt dar, wie sie wirklich erscheint, aber vom Standpunkt eines Menschen aus, der es ernst mit seiner inneren Entwickelung nimmt. Diese Lektüre — und englische Kinder lesen sehr viel — vertritt zum Teil die Stelle, die unser deutscher Unterricht einnimmt; sie bringt zu innerer Einkehr und wirkt auf das sittliche Wollen. Zu praktischer Ausübung desselben aber wird den englischen Kindern meistens mehr Gelegenheit geboten als unseren. Sie lernen menschliches Elend und Hülfsbedürftigkeit mehr aus eigener Anschauung kennen, sie werden möglichst früh angeleitet, ihre Kräfte in den Dienst der Nächstenliebe zu stellen. Thätige Hilfe im Dienst der Armen und Kranken gehört zu den Pflichten, deren sich jede englische Frau bewußt ist und zu deren Ausübung sie ihre Töchter anhält. Und ein besonders hübscher Zug einiger Londoner high schools ist es, daß sich dort old girls' associations gebildet haben, deren ausgesprochener Zweck es ist, nach Kräften menschlichem Elend, das sich nirgends so nackt und offen zeigt als in der Hauptstadt Englands, steuern zu helfen.

So gleicht das Haus und das praktische Leben jenen Mangel

im englischen Schulsystem aus. Trotzdem sollte auch in der Schule das Nötige geschehen, und bei dem entschiedenen Interesse, das verschiedene der leitenden englischen Frauen dem Gegenstand zeigen, ist das auch früher oder später zu erwarten.

Während wir so dem englischen System eine Anleihe bei dem deutschen empfehlen konnten, fragt es sich, ob wir nicht, was den andren Punkt, die intellektuelle Bildung betrifft, eine solche bei dem englischen machen könnten. Daß in Bezug auf die intellektuelle Bildung in den deutschen Mädchenschulen nicht genug geschieht, ist mir nicht nur aus eigener Erfahrung sondern auch aus den Mitteilungen von Männern, die als Examinatoren junger Mädchen reiche Erfahrungen gesammelt haben, völlig klar. Während häufig gute Kenntnisse in Litteratur, Geschichte und neueren Sprachen gefunden wurden, waren durchschnittlich die Leistungen im deutschen Aufsatz geringwertig und die Fähigkeit zum selbständigen, logischen Denken in sehr niedrigem Maße entwickelt. Wer mit der Ausbildung junger Mädchen zu thun hat, wird es bestätigen, daß nichts schwieriger ist, als sie zu eigenem Denken zu bringen. Und doch finden wir, daß sie als Schülerinnen der Unter= und Mittelklassen frisch und fröhlich gedacht haben; auf der Oberstufe dagegen tritt eine gewisse Lähmung ein. Das mag vielleicht damit zusammenhängen, daß hier vom Intellekt (nicht mit dem Gedächtnis zu verwechseln!) keine genügende, kräftige Anspannung verlangt wird. Die längstgetriebenen alten Fächer werden ohne große Anstrengung weiter bearbeitet, — und es wäre entschieden ein Vorteil, wenn ein ganz neuer Denkstoff an die Mädchen heranträte gerade in den Jahren, wo sie schlaff zu werden pflegen, und sie zu energischer Aktion veranlaßte.

Welches Fach könnte das sein? Die englischen high schools bieten da alte Sprachen und Mathematik.

Die alten Sprachen werden in den englischen Mädchenschulen ausgesprochenermaßen nicht einer etwaigen ethischen, sondern lediglich ihrer intellektuellen Bedeutung wegen betrieben. Man ist nicht der Meinung, daß die radebrechende Schullektüre der alten Klassiker im Urtext das Gemüt mit antiken Ideen und

Gefühlen erfüllen könne; man betont aber stark den Wert der geistigen Gymnastik, die sie gewährt. Es würde wohl kaum hier der Platz sein, auf den Streit, der jetzt in Deutschland und auch in England in Bezug auf den Bildungswert der alten Sprachen herrscht, des Näheren einzugehen; ich verweise in dieser Beziehung auf eine der vorzüglichsten Schriften, die in den letzten Jahren über den Gegenstand erschienen sind, auf Clemens Nohl's Pädagogik, resp. auf seine Ausführungen über die lateinlose Mittelschule, denen ich nur Wort für Wort zustimmen kann. Die öffentliche Meinung spricht sich ja auch von Jahr zu Jahr lauter gegen die Oberherrschaft des humanistischen Gymnasiums, resp. der alten Sprachen aus, und es unterliegt wohl keinem Zweifel, daß man die geistige Gymnastik, die man nur durch sie geben zu können behauptet, längst auf anderem Wege gesucht und auch gefunden hätte ohne das künstliche System von Berechtigungen, die gerade dies Studium erzwingen. Sein formaler Bildungswert ist gewiß groß; das Leben verlangt aber heute zu viel, als daß wir die Ausbildung unserer geistigen Kräfte viele, die besten Jahre hindurch, an ein Mittel binden, das mit dem wirklichen Leben nie etwas zu thun haben kann und eine gewaltige Ueberbürdung mit sich bringt. Meine persönliche Ansicht geht dahin, daß sich eine Entlastung des Schulunterrichts, die doch bringend notwendig erscheint, nur durch Beschränkung, resp. Vereinfachung des Sprachunterrichts erreichen lassen wird. Es erscheint mir sehr wahrscheinlich, daß eine nicht allzuferne Zukunft den Unterricht in den alten Sprachen thunlichst beschränkt und daß man sich in den modernen Sprachen möglichst rasch eine elementare Kennt= nis aneignet, — vermutlich nach einer verbesserten analy= tischen Methode, ferner durch Lektüre und indem man den Unterricht nur durch solche Inländer, die im Auslande selbst die Sprache studiert haben, erteilen läßt — um sich dann der Sprache als Mittel zum Zweck zu bedienen, um durch sie in fremdes Volksleben und fremde Weltanschauung einzudringen. Denn das ist der eigentliche Wert sprachlicher Bildung, daß sie es uns ermöglicht, eine breitere geistige Strömung zu überblicken, daß also auch sie an ihrem Teil der ethischen Durchbildung dient. Die Methode aber, die das bei Kindern allein möglich macht, läßt sich nur bei lebenden Sprachen voll durchführen, weil es nur hier Sprechende, nur hier lebendige, uns voll verständliche Gegenwart giebt. Die formale Bildung, von der so viel im Sprachunterricht die Rede ist, wird eher besser als schlechter wegkommen, wenn man die grammatischen Turnkünste, die jetzt vor den Besitz der Sprache gelegt werden, bei den Anfangsgründen auf das allernotwendigste beschränkt und in der Hauptsache erst vornimmt, wenn wenigstens einiges Material dazu vorhanden ist, so daß sich thatsächlich die Regel aus den Beispielen abstrahieren läßt. Man sollte immerhin schon jetzt an der Mädchenschule, in der in dieser Beziehung doch noch etwas mehr Freiheit herrscht, als in der Knabenschule, darauf wirken, daß die modernen Sprachen aus diesen Gesichtspunkten betrieben würden, daß die Lektüre und das lebendige Wort entschieden das Übergewicht bekämen über die Grammatik.

Gegen die Einführung der alten Sprachen in die Mädchenschule würde ich mich also entschieden erklären. In England ist ihre Einführung zum Teil auf den Einfluß der Männer (der Examinationsbehörden), zum Teil auf uralte Sitte zurückzuführen. Nicht nur Lady Jane Grey las den Plato; das Studium der Alten ist niemals ganz vom weiblichen Geschlecht in England vernachlässigt worden. Wenn auch vielleicht nicht in den boarding schools, so wurde es doch sehr viel privatim betrieben. Dann haben wohl Opportunitätsgründe stark mitgewirkt. Für die Colleges erscheint eine gründliche Vorbildung in den altklassischen Sprachen notwendig.*)

---

*) Die von mir hier ausgesprochenen Ansichten über die alten Sprachen werden von vielen der Führerinnen der englischen Frauenbewegung geteilt. Sie haben sich nur einstweilen dem mächtigen Druck der Verhältnisse gefügt. Aber auch in England ist der Widerstand gegen die Oberherrschaft der alten Sprachen so mächtig im Wachsen wie in Deutschland, und wenn nicht alles täuscht, so sind, wenn auch nicht die Tage, so doch die Jahre gezählt, in denen sie die conditio sine qua non für alle höheren Studien waren. Es würde, wenn sich das bewahrheitet, das Studium der altklassischen Sprachen in den high

Dergleichen Opportunitätsgründe wären zum Teil ja auch
für Deutschland geltend zu machen, so lange die Vorherrschaft
der alten Sprachen dauert. Es wäre gewiß mancher Mutter
lieb, wenn sie wenigstens die Arbeiten ihres Quintaners oder
Quartaners noch beaufsichtigen könnte; auch läßt sich nicht ver=
kennen, daß der Besitz einiger Kenntnis wenigstens der lateinischen
Sprache bei den vielen lateinischen Citaten in wissenschaftlichen
Werken oft sehr wünschenswert erscheint. Es wäre daher auch
wohl nichts dagegen einzuwenden, wenn unsere Selekten neben
den anderen Fächern, die sie zur Auswahl stellen, auch dieses
böten, und es ist eigentlich zu verwundern, daß das nirgends
geschieht; wird doch das weniger verwendbare Italienisch vielfach
gelehrt.

Endlich ist ja eine gründliche Kenntnis der alten Sprachen
für die gelehrten Berufe obligatorisch. Leider aber findet
sich für die, die etwa auf fremden Universitäten sich zu
einem solchen Beruf vorbereiten wollen, in Deutschland keine
Gelegenheit, die nötigen Vorkenntnisse anders als auf dem
teuren Wege des Privatunterrichts zu erwerben. Da thäte
dringend Abhilfe Not. So entschieden eine Umwandlung aller
Mädchenschulen in eine Art von Gymnasium, die Umwandlung
der allgemeinen Schule in eine Fachschule zu widerraten wäre,
ebenso dringend ist die Gründung einer Anzahl von Fach=
schulen zu wünschen, die denen, welche die Universität besuchen
wollen, die nötige Vorschulung gewähren. Es wäre völlig früh
genug, wenn die Mädchen vielleicht mit dem vierzehnten Jahre,
in einem Alter, wo sich schon ungefähr die Fähigkeiten beurteilen
lassen, wo man auch schon ungefähr wissen kann, ob das Er=
greifen eines Berufs notwendig werden wird, in eine solche
Vorschule eintreten könnten; viele würden vermutlich noch viel
später eintreten und mit gereiften Geisteskräften noch rasch genug

schools und zum Teil auch in den Frauen-Colleges in England beschränkt
werden können. Das ist auch der offen ausgesprochene Wunsch gerade von
Miß Clough und Mrs. Sidgwick, die eben nur dem unbestreitbar wahren:
„wir müssen lernen, wie die Männer lernen, oder sie erkennen uns nicht an",
nachgegeben haben.

das Notwendige sich aneignen. So, als Fachvorschulen, haben
Mädchengymnasien oder Realschulen Sinn, und die auf Errich=
tung derselben zielenden Bestrebungen verschiedener Frauenvereine
sollten gerade von Frauen um so mehr unterstützt werden, als
es nach den bisherigen Erfahrungen nicht den Anschein hat, als
ob auf anderem Wege als dem der Selbsthilfe in nächster Zukunft
etwas zu erreichen sein würde.

Aber zurück zur Mädchenschule.

Möchte ich hier die wünschenswerte formale Bildung nicht
an klassische Sprachen, die immer nur ein sehr geringer Pro=
zentsatz der Mädchen zu späteren Studien verwerten wird,
knüpfen, so möchte ich um so dringender Naturwissenschaften
und Mathematik befürworten. Naturwissenschaften werden ja in
der Mädchenschule betrieben; sie brauchen nur mit mehr Ernst,
weniger dilettantisch und mit mehr Ansprüchen an das eigene
Denken betrieben zu werden, als das stellenweise geschieht, um
ein vorzügliches Bildungsmittel abzugeben. Von der Rolle,
die sie als notwendige Ergänzung der ethischen Fächer, zur
Vervollständigung der Lebenskunde spielen, ist schon oben die
Rede gewesen; besonders groß ist aber auch ihr Wert als
formales Bildungsmittel. Der Schüler lernt durch sie richtige
Beobachtung der Wirklichkeit, lernt, daß er „nur durch ruhiges
und besonnenes Fortschreiten von der sicher begründeten That=
sache" zur Wahrheit gelangen kann. — Sehr zu wünschen aber
wäre nach meiner Meinung noch die Einführung der Mathe=
matik, der Algebra wie der Geometrie, in die Mädchenschule.
Nicht nur halte ich ihren Wert für die formale Bildung für
höher als den der Sprachen — die Unerbittlichkeit, mit der
ein falscher Schluß das Weiterkommen verhindert, ist ein uner=
setzliches Erziehungsmittel — es wird darin auch gerade das
geboten, was wir suchten: ein ganz neuer und darum anregen=
der und fördernder Gegenstand. Ich gestehe nun offen, daß ich
selbst erst durch die Erfahrung von dem Vorurteil habe zurück=
kommen müssen, daß die Mathematik ein den Mädchen im allge=
meinen unzugängliches Fach sei. Es wird in England mit großem
Eifer betrieben, nicht nur in den high schools, sondern es wird

auch auf den Universitäten mit Vorliebe der schwierige mathe=
matische Tripos, der sehr eingehende Kenntnisse verlangt, in
Angriff genommen. Die Leistungen der high schools sind, das
erkennt auch Schöll an (Schmidts Encycl. Bd. 3, S. 1132),
gründlich und tüchtig, und die Prüfungslisten der Universitäten
weisen nach, daß auch in der höheren Mathematik sehr Be=
friedigendes geleistet wird. Ich glaube, es würde der formalen
Bildung unserer Mädchen, der Schulung im Denken und
Schließen, außerordentlich förderlich sein, wenn einige Mathe=
matikstunden wöchentlich gegen anderes, Entbehrlicheres auf den
Stundenplan gesetzt würden, — ein Aderlaß bei den Sprachen
wäre ganz unbedenklich — wenn dadurch der rein intellektuellen
Bildung neben den ethischen Fächern Rechnung getragen würde.
Ich finde mich bei diesem Wunsch in Übereinstimmung mit
Clemens Rohl, der die Behauptung, daß man Mädchen mit
Rechnen und Mathematik ferne bleiben solle, als „eins der
zahlreichen, von Theoretikern erdichteten, von anderen gedankenlos
nachgesprochenen pädagogischen Dogmen" bezeichnet, „das die
erste beste in einer Mädchenschule verständig gegebene Rechen=
oder Mathematikstunde über den Haufen wirft." Er wünscht
diese Fächer als gesundes Gegengewicht gegen das „sentimentale,
überschwängliche, schwärmerische Treiben", das leider nur zu
oft in Mädchenschulen, unter dem Vorwande das Gemüt zu
pflegen, geduldet wird.

Wenn ich nunmehr mein Gesamturteil über die Frauen=
bewegung und das Frauenbildungswesen in England abgeben
soll, so ist es folgendes. Was der Frauenbewegung zu einem
so glücklichen Ausgang verholfen hat, das sind drei Umstände:
1) das unbeirrte, feste Zusammenstehn der englischen Frauen
ohne Parteiung und Schwankung; 2) die großherzige Hilfe
tüchtiger Männer; 3) der Umstand, daß die Frauen nicht nur
gleiche Rechte wie die Männer erstrebt, sondern auch gleiche Lei=
stungen von sich verlangt haben. Das ist es, was für uns vorbildlich
sein kann. Den reichen Geldmitteln, die sich der Frauenbewegung zu
Gebote stellten, messe ich nur sekundäre Bedeutung bei; sie stehen
in demselben Verhältnis zu den ganzen übrigen englischen Ein=

richtungen, wie unsere Mittel zu den unseren. So gut wir ein ausgebildetes höheres Bildungswesen für Männer haben, so gut könnten wir ein solches für Frauen haben — wenn wir wollten, — wenn bei uns dasselbe Interesse dafür vorhanden wäre, wie in England. Was sodann das Mädchenschulwesen im besonderen betrifft, so besteht sein größter Vorzug in der entschiebenen Betonung des Fraueneinflusses. Die ausgesprochene Bevorzugung der intellektuellen Fächer vor den ethischen hingegen, die England mit fast allen fremden Nationen teilt, will meinem deutschen Bewußtsein nicht zusagen. Doch aber würde ich, wenn auch nicht die alten Sprachen, so doch die Mathematik als formales Bildungsmittel gern in unsere Mädchenschulen herübernehmen; wie ich auch bringend die Errichtung von Fachschulen befürworte, die der von Jahr zu Jahr wachsenden Schaar derer, die weitere Studien treiben möchten, die nötige Vorbildung gewähren. Im übrigen ist fraglos das englische Mädchenschulwesen in vieler Beziehung noch weiterer Entwickelung bedürftig, das erkennen die Engländerinnen selbst am willigsten an; der innere Ausbau kann aber auch in einem so kurzen Zeitraum nicht vollendet sein. Es darf uns aber wohl freuen, daß Frauen zu den ersten gehört haben, die mit dem allbekannten mechanischen Betrieb des englischen Schulwesens gebrochen haben, unter dem das Knaben- und eigentliche Privatschulwesen noch schwer leidet, und unter dem vor allem die arg reglementierte Volksschule zu Grunde zu gehen droht; es ist sicher zu erwarten, daß diese Frauen auf dem betretenen Wege fortschreiten werden und mit allen etwaigen Resten des alten Systems bei sich aufräumen. Die absolute Freiheit der Entwickelung, die das englische höhere Schulwesen genießt, macht hier die Abstellung von Fehlern und veralteten Einrichtungen leicht, sobald einmal der Entschluß dazu gefaßt ist. Und die energische Initiative und große geistige Beweglichkeit, die die englischen Frauen bei der Inangriffnahme der gewaltigen Reform, die sich in verhältnismäßig so kurzer Zeit vollzogen, gezeigt haben, sichert ihrer Arbeit eine gedeihliche

Zukunft, trotz der Fehler, die etwa zu Anfang dabei begangen sind. Für Deutsche wird in dieser Beziehung das Urteil unseres berühmten Landsmannes, des Prof. Max Müller in Oxford von Interesse sein, auf dessen Anregung die Gründung der high school in Oxford zum großen Teil zurückzuführen ist, und der den high schools und der daran von Frauen geleisteten Arbeit das allergünstigste Zeugnis ausstellt. *)

VI.

Wenn man die Möglichkeit der Zulassung von Frauen zu deutschen Universitäten erörtert und dabei auf das Beispiel Englands hinweist, so wird einem gewöhnlich erwidert, daß dort Verhältnisse ganz eigener Art vorlägen und daß eine

---

*) In dem 11. Heft der Buchner'schen Zeitschrift für weibliche Bildung (1888) glaubt eine Lehrerin, die ihren Namen nicht genannt hat, eine Schilderung des englischen Schulwesens zu geben, indem sie ihre persönlichen Erlebnisse in einer boarding school und in der englischen Privatschule schildert. Die high schools und colleges werden garnicht erwähnt; ihre Existenz scheint der Darstellerin nicht bekannt zu sein. Es ist befremdlich, daß gerade diese Zeitschrift, die den Standpunkt der öffentlichen höheren Mädchenschule in Deutschland vertritt, eine solche Schilderung für vollgültig hält. Sie würde vermutlich dagegen protestieren, wenn ein beliebiges deutsches Mädchenpensionat (!) oder selbst die Privatschule als typisch für das deutsche Mädchenschulwesen hingestellt würden, obwohl durch die staatliche Aufsicht dafür gesorgt ist, daß die Leistungen der öffentlichen und der Privatschulen hier die gleichen sind; in England aber besteht zwischen diesen und den high schools ein Unterschied wie zwischen Tag und Nacht. Es giebt selbstverständlich gute boarding schools und gute Privatschulen; viele von ihnen aber verdanken ihr Dasein einer bedenklichen pädagogischen Industrie, und hier werden dann die schlechten Methoden und ganz unzureichenden Einrichtungen der alten Zeit noch bewahrt und vermutlich bei dem Mangel an Kontrolle bewahrt werden, bis bessere Schulen an ihre Stelle treten. Nicht nach diesen, sondern nur nach den durch strenge Selbstkontrolle zu sehr achtungswerten Leistungen gelangten high schools und colleges kann die weibliche Bildung des jetzigen England beurteilt werden; nur das Studium einer

Parallele zwischen hier und dort gar nicht zu ziehen sei. Diese Antwort scheint so außerordentlich plausibel und richtet sich doch im Grunde nur gegen eine Voraussetzung, die gar nicht gemacht worden ist. So thöricht wird wohl niemand sein, die englischen Einrichtungen, wie sie sind, nach Deutschland übertragen zu wollen. Daß ich persönlich niemals daran denken würde, dafür einzutreten, — einzelne überall empfehlenswerte Dinge ausgenommen — glaube ich in den vorliegenden Blättern zur Genüge ausgesprochen zu haben. Was übertragen werden soll, ist vielmehr das Princip, nach welchem den Frauen einer Nation dieselben Studien freizugeben sind, dieselben Erleichterungen zu gewähren, dieselbe Förderung zu geben ist wie den Männern. Dies Princip gesetzt, werden sich die Dinge in

---

Anzahl derselben befähigt dazu. An untergeordneten Schulen wird man natürlich immer schlechte Erfahrungen machen, wie anderswo auch; an den besseren Anstalten arbeiten deutsche Kolleginnen mit Freudigkeit. Zu einer Anstellung an denselben verhelfen natürlich nur vorzügliche Leistungen; es war mir eine ganz besondere Genugthuung, sowohl in der ersten Lehrerin (classical lecturer) in Holloway College, Fräulein Therese Dabis, als auch in einer Lehrerin in Newnham College (demonstrator at the Chemical laboratory), Fräulein Ida Freund, Landsmänninnen begrüßen zu dürfen. Sie haben sich zu ihren Stellungen durch das mit sehr gutem Erfolg absolvierte Studium des klassischen, resp. naturwissenschaftlichen tripos in Cambridge fähig gemacht. — Was endlich das nun schon chronisch gewordene Mißverständnis der oft wiederholten Worte Luise Büchners betrifft, so hat die Schreiberin des erwähnten Artikels, da kein Grund vorliegt, mala fides vorauszusetzen, einfach nicht ordentlich gelesen; die Worte beziehen sich nicht auf die deutsche Mädchenschule an sich, sondern auf das System Mädchen in erster Linie durch Männer bilden zu lassen, während „eine jede echt weiblich fühlende Frau, wenn sie die Erfahrungen ihres Lebens überblickt, uns darin beistimmen wird, daß vorzugsweise für das angehende Jungfrauenalter weibliche Lehrkräfte und weiblicher Einfluß zu verwenden sind.“ Das sind Luise Büchners Worte; daß man diese Wahrheit in Deutschland nicht anerkennt, erregt das höchste Befremden aller auswärtigen Nationen und hat das harte, aber gerechte Wort veranlaßt. Die Auffassung, der es entsprungen, sollte wohl am wenigsten von Frauenseite Widerspruch erfahren. Ein solcher ist übrigens auch, als es zuerst geschrieben wurde, in keiner Weise laut geworden; das Wort ist jetzt nur im Partei-Interesse entstellt, und ich halte es für meine Pflicht, Luise Büchner, der wir sehr viel verdanken, vor dieser Entstellung zu bewahren.

Deutschland auf deutsche Weise entwickeln, wie sie sich in England auf englische Weise entwickelt haben.

Die meisten europäischen Staaten — von Amerika ganz abgesehen — haben jetzt dies Princip wenigstens in Bezug auf die Universitätsstudien entweder schon ganz durchgeführt, oder sie haben doch mit seiner Durchführung begonnen. Sehen wir uns die einzelnen Staaten darauf hin an *).

Frankreich ist den Frauen schon sehr früh und in der großmütigsten Weise entgegengekommen. Von 1866—1882 sind schon 109 akademische Grade an Frauen gegeben worden. Auch die medizinische Fakultät machte hier wenig Schwierigkeiten. Man kam sehr schnell von dem Vorurteil zurück, daß der weibliche Intellekt dem medizinischen Studium nicht gewachsen sei, und mit großem Freimut erklärte Ernest Legouvé, früher ein Gegner der Sache, daß seine Meinung, Frauen seien zu wissenschaftlichen Studien nicht fähig, irrig gewesen sei. — Es fehlte nun in Frankreich an Vorbereitungsanstalten für die Universitäten. Erst nach dem Sturz des zweiten Kaiserreichs, nach den demütigenden Erfahrungen der siebziger Jahre geschah etwas Ernstliches für die Frauen, aus der richtigen Erkenntnis, daß die Hebung des ganzen Volks mit der Hebung seiner Frauen im engsten Zusammenhang stehe. Der Antrag Camille Sée's auf Begründung von Frauenlyceen wurde aus diesem Grunde angenommen. „Unser Gesetz ist zugleich ein moralisches, ein sociales und ein politisches", so plaidierte er 1880 für dasselbe in der Kammer; „es betrifft die Zukunft und die Sicherheit Frankreichs, denn von den Frauen hängt die Größe wie der Verfall der Nationen ab."

Die Stimmung des Landes kam dem Gesetz Sée freudig

---

*) Die nachfolgenden Daten sind zum Teil direkt aus der Quelle geschöpft, d. h. von der betreffenden Universitäts-Verwaltung oder zuverlässigen Berichterstattern am Orte selbst geliefert worden, zum Teil einem Buch entnommen, das 1884 unter dem Titel The Woman Question in Europe durch Theodore Stanton herausgegeben wurde. Die Artikel, die den Stand der Frauenfrage in den verschiedenen Staaten behandeln, stammen aus zuverlässigster, einheimischer Feder.

entgegen. Die Stadt Rouen war eine der ersten, die ein Mädchenlyceum einrichtete. Es kostete eine Million Franken; die Hälfte wurde sofort vom Staat, die andere Hälfte von der Gemeinde gegeben. Am Tage vor der Eröffnung waren 202 Schülerinnen angemeldet. Im Jahre 1882 wurden vom Staat 10 Millionen Franken zu weiterer Gründung von Lyceen bewilligt, die seit der Zeit in großem Umfange erfolgt ist.

Über England ist eingehend berichtet worden. Vom Jahre 1867 bis heute folgte dort die Freigebung eines Rechts nach dem andern, die Gründung eines Colleges nach dem andern. Die Zahl der studierenden Frauen ist von 5 auf etwa ebenso viele Hunderte angewachsen.

Die Schweiz hat bekanntlich gleichfalls sehr früh den Frauen ihre Universitäten geöffnet. Zürich ging 1868 voran; es folgten dann in den siebziger Jahren Genf, Bern und Neuchâtel. Die Frauen haben hier, wie in England und Frankreich, genau dieselben Verpflichtungen zu erfüllen, wie die Männer, genießen aber auch völlig dieselben Rechte.

Es folgte dann Schweden mit der Freigebung der Universitätsstudien für Frauen. Vom Jahre 1870 ab waren sie zugelassen; von 1873 ab konnten sie in den schönen Wissenschaften und in der Medizin dieselben akademischen Grade erlangen, wie die Männer. Die vorzügliche Haltung der studierenden männlichen Jugend den Frauen gegenüber wird allgemein gerühmt.

Dänemark folgte 1875. Es eröffnete den Frauen die einzige Universität, Kopenhagen; sie dürfen in allen Fakultäten mit Ausnahme der Theologie akademische Grade erwerben.

In Italien war man der Sache der Frauen schon lange günstig gesinnt. Der Unterrichtsminister Bonghi eröffnete ihnen die Universität noch am Vorabend seines Falls (1876).

In Rußland hatten die Frauen schon 1867 um Zulassung zu den Universitäten gebeten; ihre Bitte war ihnen aber von dem Unterrichtsminister Grafen Tolstoi rundweg abgeschlagen worden. Die Professoren der Universität zu St. Petersburg machten dann von ihrem Recht, öffentliche Vorlesungen zu halten, in der Weise Gebrauch, daß thatsächlich die Frauen zehn

Jahre lang ihre Studien verfolgen und examiniert werden konnten, ohne daß ihre Zulassung offiziell stattgefunden hatte. Derselbe Minister willigte dann ein, Kurse für Frauen an der Universität St. Petersburg einzurichten; sie wurden im Jahre 1878 eröffnet und sehr zahlreich besucht. Die Universitäten Moskau, Kiew, Kasan u. a. folgten. — Daß Finnland ganz besonders weit ist in allem, was die Frauen betrifft, ist wohl allgemein bekannt.

1880 wurde in Amsterdam die erste Frau inskribiert. Holland war aber eigentlich insofern allen andren Staaten voraus gewesen, als dort (nach einer direkten Auskunft des Rector magnificus zu Amsterdam) die Frauen niemals von den Universitätsstudien ausgeschlossen gewesen waren. Das neue, 1876 gegebene Gesetz für den höheren Unterricht brauchte ihnen aus diesem Grunde das Studium nicht erst zu gestatten. Sie haben in jeder Beziehung dieselben Rechte, wie die studie= renden Männer, können also wie diese immatrikuliert werden und jeden akademischen Grad erlangen, falls sie die dazu nötigen Examina ablegen. Die erste Immatrikulation in Amsterdam erfolgte, wie schon erwähnt, 1880; an der Groninger Universität schon früher. An allen vier holländischen Universitäten (Leiden, Utrecht, Groningen, Amsterdam) studieren Frauen, wenn auch ihre Zahl nicht sehr groß ist.

Auch in Belgien wurde 1880 die erste Frau zugelassen (in Brüssel); seit 1883 wurde die Zulassung von Frauen allge= mein, und es studieren jetzt Frauen in Brüssel, Lüttich und Gent mit gutem Erfolg.

In demselben Jahre 1880 bittet in Norwegen die erste Frau, Cecilie Thoresen, um Zulassung zum Studium auf der Universität Christiania. Nach den Statuten mußte sie zurück= gewiesen werden; es wurde aber sofort von einem Parlaments= mitglied ein Antrag eingebracht, den Frauen die Zulassung zum Studium und zwar zum examen artium und examen philo- sophicum zu gestatten. Die Unterrichtskommission befürwortete den Antrag einstimmig; in den Häusern ging er mit einer einzigen Stimme dagegen durch; am 15. Juni 1882 wurde er

Geſetz. Bei der Immatrikulation von Cecilie Thoreſen ſchickten die Studenten, die ſich der Bewegung höchſt günſtig gezeigt hatten, eine Beglückwünſchungsadreſſe.

Über den Stand der Dinge in Spanien und Portugal habe ich von kompetenteſter Seite folgende Auskunft erhalten. Es giebt daſelbſt kein Geſetz, welches den Frauen den Zutritt zu den öffentlichen Unterrichtsanſtalten, als Lernende oder Lehrende, verwehrte, auch keine ſpeziellen Verfügungen darüber in den Statuten einzelner Hochſchulen. Wo daher Frauen den Eintritt verlangen, wird er ihnen nicht verſagt. Die allgemeine und, wie es ſcheint, einigermaßen gerechtfertigte Anſicht geht nun zwar dahin, daß die ſüdlichen Frauen weder Luſt, noch Geiſtes- und Körperkraft zu wiſſenſchaftlicher Bethätigung haben; doch erkennt man ohne Furcht und Zögern Ausnahmen an und ver- fährt dieſen gegenüber mit wahrem Freiſinn und vollendeter Courtoiſie, citiert auch gern und mit Bewunderung die Namen ſolcher Frauen.

Die thatſächliche Beteiligung an akademiſchen Studien iſt gering; die eben erwähnte Anſicht ſcheint ſich dadurch zu beſtätigen. Es ſtudieren in Madrid, Valladolid und Barcelona einzelne Frauen, zum größten Teil Medizin. Die portugieſiſche Univerſität Coïmbra iſt bisher von keiner Frau beſucht worden; dagegen befinden ſich auf der mediziniſchen Hochſchule zu Porto augenblicklich drei junge Damen, die ſeit mehreren Jahren mit Erfolg und ohne jede äußere Schwierigkeit ſtudiert und die Anatomie beſucht haben.

Wenn das Univerſitätsſtudium noch große Ausnahme iſt, ſo finden dagegen die alljährlich ſtattfindenden Elementar- und Gymnaſtalprüfungen, zu denen in Portugal unterſchiedslos jeder Knabe und jedes Mädchen zugelaſſen wird, unbekümmert darum, wo und in welcher Weiſe der Einzelne ſeine Kenntniſſe erworben hat und unter völlig gleichen Bedingungen — ſeit etwa ſechs Jahren ſehr rege Beteiligung; es unterwerfen ſich denſelben Hunderte von jungen Mädchen. — Die Frage der Gründung von Mädchenlyceen zu allgemeinerer Förderung der Studien wird ventiliert; ein heftiger Federkrieg iſt darüber entbrannt, da der Wunsch sehr vieler Portugiesen dahin geht, daß ihre Frauen auch in Zukunft „so reizend liebenswürdige und thörichte Kinder bleiben, wie sie seit Adam gewesen sind."

Es bleiben an großen Nationen übrig: Deutsche, Ungarn, Türken.

Deutsch-Östreich hat wenigstens einen Anfang zu verzeichnen. Eine Ministerialverfügung vom Jahre 1878 hat die Zulassung von Frauen zu den regelmäßigen Vorlesungen ermöglicht. Jeder einzelne Fall ist besonders zu prüfen, und die Entscheidung darüber, ob die Zulassung zu gewähren sei, steht dem Professoren-Kollegium der betreffenden Fakultät im Einverständnis mit dem Dozenten zu. Immatrikulation und damit Erreichung eines akademischen Grades ist ausgeschlossen. — Es liegt auf der Hand, daß dieser Erlaß viel und garnichts sein kann, je nachdem die Professoren einer Universität dem Frauenstudium geneigt sind oder nicht. In Wien ist man ihm mit entschiedenem Wohlwollen entgegengekommen. Die dort studierenden Frauen, darunter meine Berichterstatterin, Frau Dr. Schubert, können das Entgegenkommen der Professoren und die rühmliche, reservierte Haltung der Studenten nicht genug hervorheben. — Die Frauen haben hier nun freilich alle Verpflichtungen der männlichen Studenten zu erfüllen, ohne deren Rechte zu erlangen; legen sie das Maturitätsexamen ab, so wird es ihnen nur privatim bescheinigt; auch statt eines regulären Kollegienheftes erhalten sie nur private Bescheinigungen der betreffenden Professoren; dennoch ist die Zulassung zu den Vorlesungen insofern von größtem Wert, als der Besuch derselben auf anderen Universitäten, wo Frauen einen akademischen Grad erlangen können, wie in Zürich, voll angerechnet wird. Hoffentlich folgt diesem Anfang bald eine Fortsetzung!

In Ungarn ist von drei Frauen der Versuch gemacht worden, Zugang zu den Universitäten Budapest und Klausenburg zu finden. Die Universitätsbehörden waren geneigt, sie zuzulassen, indem sie den Grundsatz vertraten: „Wer die vorgeschriebene Vorschulung nachweist, wird, ob Mann ob Frau, zur Immatrikulation, beziehungsweise zu den Prüfungen zugelassen;"

der Kultusminister Trefort verweigerte jedoch seine Zustimmung. Da dieser im Laufe des Jahres gestorben ist, so wird vielleicht auch in Ungarn bald den Frauen die Zulassung gewährt; der Tag ist also möglicherweise nicht mehr fern, wo die deutschen Frauen allein in Europa — auf die Balkanhalbinsel wird man wohl kein Gewicht legen wollen — vom Universitäts= studium ausgeschlossen sind.

VII.

Versuche, auch in Deutschland den Frauen den Zugang zu den Universitäten zu verschaffen, sind in den letzten Jahrzehnten vielfach gemacht worden, wenn auch nur von ihrem eigenen Geschlecht. Einzelne Professoren sind auch in Deutschland der Sache freundlich gesinnt, ohne sich aber zum Vorkämpfer der Frauen aufzuwerfen. Es finden wohl hin und wieder Zu= lassungen zum Hospitieren — besonders von Ausländerinnen — statt; neuerdings scheint auch darin eine größere Beschränkung einzutreten. Zum ordentlichen Hören wird niemand zugelassen, und im ganzen deutschen Reich findet sich auch niemand, der einer Frau das Maturitäts= oder gar ein höheres Examen ab= nähme. Die deutschen Frauen sind also genötigt, auf eine weiter= gehende Bildung zu verzichten oder sie sich im Auslande an= zueignen.

Man kann also nicht eben behaupten, daß die beiden großen Nationen deutscher Zunge in dieser Frage einen sehr fort= geschrittenen Standpunkt einnehmen; in Östreich liegt die Sache aber doch noch günstiger als in Deutschland.

Die Frage beantworten, warum gerade in unserer Zeit von den Frauen der Zutritt zu den Universitäten nachgesucht wird, heißt zu= gleich den ganzen Grund der Frauenfrage angeben: es tritt in unse= rer Zeit materielle und geistige Not an die Frauen heran, wie noch nie zuvor. Materielle Not: denn der Ersatz der Handarbeit durch

Maschinenarbeit einerseits, die zunehmende Ehelosigkeit andrer=
seits läßt eine Menge von Frauen unversorgt, die vergebens eine
lohnende Beschäftigung suchen; genau dieselben Umstände schaffen
da, wo leidliche Vermögensverhältnisse die materielle Not weniger
fühlbar machen, eine geistige Not, die nicht minder schwer zu
ertragen ist. Niemand hat sie beredter geschildert als E. Davies.
„Viele Väter," sagt sie, „wissen ohne Zweifel sehr wohl, daß
ihre Töchter sehr wenig zu thun haben. Aber das erscheint ihnen
durchaus nicht schlimm. Sie wünschen, sie hätten selbst etwas
weniger zu thun und können sich allerlei interessante Dinge aus=
denken, die sie vornehmen würden, wenn sie nur ein wenig mehr
Muße hätten. Die Mädchen brauchen ja nur zu wählen, und
sie müssen augenscheinlich den Müßiggang vorziehen, oder sie
würden schon etwas zu thun finden. Wenn das heißen soll, daß
halberzogene junge Mädchen nicht ernsthaft arbeiten, wenn sie
durchaus keine Veranlassung haben, ihre natürliche Trägheit zu
überwinden, so ist das ohne Zweifel wahr. Frauen sind nicht
energischer als Männer, und ein gewöhnliches junges Mädchen
kann ebenso wenig ohne Grund oder Anleitung ernst arbeiten,
als ein gewöhnlicher junger Mann .... Leute, die nicht in
nahe Berührung mit jungen Mädchen kommen, haben keinen
Begriff, bis zu welchem Grade sie dabei unter Gewissensunruhe
leiden. „Die Unzufriedenheit der modernen Mädchen" ist nicht
nur thörichte Selbstquälerei. Vielbeschäftigte Männer nnd Frauen
— und Leute mit discipliniertem Geist — können sich nur ver=
mittelst einer gewissen Anstrengung ihrer Einbildungskraft in
die Lage hineindenken. Wenn sie es voll vermöchten, würden
sie nicht mehr das Herz haben zu reden wie sie thun. Denn
das ist das Härteste für das moderne Mädchen, daß sie in einer
Zeit lebt, in welcher man den Müßiggang für eine Schande
hält. Die gesellschaftliche Atmosphäre hallt wieder von Ermah=
nungen zu handeln, in der lebendigen Gegenwart zu handeln.
Überall hören wir, daß das wahre Glück in der Arbeit zu finden
ist, daß es ohne Arbeit keine Muße giebt, daß Leute die
nichts thun, unfruchtbare Feigenbäume sind, die nur Platz weg=
nehmen. Und in dieser Atmosphäre lebt und atmet das moderne

Mädchen. Sie ist kein Stein, und sie lebt nicht unter der Erde. Sie hört die Leute reden — sie hört Predigten — sie liest Bücher. Und beim Lesen stößt sie auf Stellen wie diese: ...

»Que de femmes, si vous exceptez les mères qui se donnent à leur famille, que de femmes, hélas, dont la vie se passe entière dans de futiles occupations, ou dans des conversations plus futiles encore! Et l'on s'étonne que, rongées d'ennui, elles recherchent avec frénésie toutes les distractions imaginables! Elles accusent la monotonie de leur existence d'être la cause de ce vague malaise; la vraie cause est ailleurs, elle est dans la fadeur intolérable, non d'une vie dépourvue d'événements et d'aventures, mais d'une vie dont on n'entrevoit pas la raison ni le but. On se sent vivre sans qu 'on y soit pour quelque chose, et cette vie inconsciente, inutile, absurde, inspire un mécontentement trop fondé.«*)

„Solche Dinge liest das moderne Mädchen, und jedes Wort wird durch ihre eigene Erfahrung bestätigt ... Sie sucht Rat, und sie findet ihn. Sie wird aufgefordert, um sich zu blicken, die Pflicht zu thun, die am nächsten liegt ... Sie sieht um sich und sieht keinen besonderen Grund zu thätiger Anstrengung. Die Pflichten, die nahe liegen, werden durch eine energische Mutter oder ältere Schwester besorgt .... sie fühlt durchaus keinen Antrieb, irgend eine besondere Beschäftigung aufzunehmen, und so lange sie ruhig und liebenswürdig und gesund ist, verlangt niemand von ihr das Geringste weiter. Ihre Verwandten und Freunde — ihre Welt — sind ganz zufrieden, daß sie so dahinlebt, nur ihren eigenen Launen und Einfällen oder denen der Ihrigen folgend. Der Rat, der so leicht gegeben werden, so schwer befolgt werden konnte, setzt gerade das voraus, was fehlt: einen durchgebildeten und disziplinierten Charakter, der imstande ist, auf sich selbst zu stehen und ein gestecktes Ziel stetig, ohne Furcht vor Strafe oder Hoffnung auf Belohnung zu verfolgen. Können wir uns wundern, daß in den meisten Fällen

---

*) Sermons par T. Colani. Deuxième recueil, p. 293.

die Mädchen mit dem Strom treiben, sich selbst verachtend aber gleichgültig sich in das ergebend, was ihre Bestimmung zu sein scheint?"

„Ein Appell an ihre natürlichen Erzieher wird meistens entweder ohne weiteres verworfen oder mit vorwurfsvollem Erstaunen aufgenommen. Man sieht es als eine gerechte Ursache der Überraschung und Enttäuschung an, daß wohlerzogene Mädchen, in einer behaglichen Häuslichkeit, einen Wunsch oder Gedanken haben sollten, der über sie hinausgeht. Und vielleicht ist es nur natürlich, daß die Eltern nur ungern Bestrebungen ihrer Töchter gutheißen, die andere Pflichten und Interessen betreffen als die, zu ihrem Behagen und Vergnügen beizutragen. Wenn sie als feststehend annehmen, daß das außer der Heirat der einzige Zweck ist, für den die Frauen geschaffen sind, so bekennen sie sich dadurch nur zu der allgemeinen Auffassung der menschlichen Gesellschaft. Ohne Zweifel glauben sie auch aufrichtig, daß, wenn sie ihre Töchter bis zu deren Heirat für sich behalten, sie das Beste für sie und zugleich das Angenehmste für sich thun. Wenn die Töchter eine andere Ansicht haben, so denken die Eltern, es kommt daher, daß sie noch jung und unerfahren sind und nicht imstande zu urteilen. Die Thatsache ist, daß die Eltern unerfahren sind. Ihre Jugend war in hundert Dingen verschieden von der Jugend dieser Generation .... Ohne Zweifel ist die Jugend unwissend und braucht Leitung. Aber man sollte ihr helfen und raten, nicht sie schweigen heißen. Die Eltern nehmen eine schwere Verantwortung auf sich, wenn sie das Sehnen nach einem weiteren und zweckvolleren Leben ersticken." (a. a. O. S. 47 ff.)

Und das geschieht täglich, und nicht nur in England, sondern auch in Deutschland. Wer hat den Mut zu sagen, daß die warme, vom tiefsten Mitgefühl zeugende Schilderung der Miß Davies auf unsere Familien nicht passe, wer den Mut zu behaupten, daß jedes junge Mädchen unserer wohlhabenden Familien genügende Beschäftigung für ihr inneres und äußeres Leben finden könne, wenn sie nur wolle? Ein Teil gewiß. Es giebt Familien, in denen die Töchter ausreichend und be-

friedigend durch häusliche Pflichten in Anspruch genommen
werden; es giebt ferner eine große Zahl junger Mädchen, die,
ohne wirklich beschäftigt zu sein, voll befriedigt sind, als liebe
und gern gesehene Haustöchter ihren Eltern und den Freunden
des Hauses das Leben zu verschönern, bis sie heiraten oder, wenn
sie nicht heiraten, als überall willkommene „Tante" eine fried-
liche und oft in hohem Grade segensreiche Existenz zu führen.
Segensreich aber ist diese Existenz nur, wenn sie freiwillig ge-
wählt wird; kämpft die Tochter, die nur das Leben verschönern soll, mit dem heißen Wunsch, zu nützen, eine eigene
Existenz sich zu schaffen, so ist es eine Versündigung am
Menschengeist, ihr das zu versagen, wo nicht wirkliche
Pflichten sie binden. Und was für eine Existenz soll sie sich
schaffen? — Die, welche sie wählt. Offenbar können und
sollen nicht alle diese jungen Mädchen studieren; das Zauber-
wort gegen den modernen Pessimismus ist nicht Universitätsstudium, sondern Arbeit, zweckvolle Arbeit überhaupt. Daß
das Bedürfnis danach immer mächtiger wächst, das zeigt der
Zudrang zum Lehrerinnenexamen selbst von solchen, denen materielle Not fernbleibt und voraussichtlich auch fern bleiben wird;
die nur nach einer festen Disziplin verlangen, nur arbeiten,
zu einem bestimmten Zweck arbeiten wollen. Selbst der öde
Gedächtniskram, der ihnen zu diesem Examen noch vielfach zu-
gemutet werden muß, scheint ihnen der inneren Leere ihrer bisherigen Existenz, dem Dilettieren hier und da, dem geistigen
Naschen in den ziellosen Selekten und Vortragscyklen vorzuziehen. Man klagt über diesen Zudrang zum Lehrerinnenexamen
und will ihn als ein böses Zeichen fassen: es kann kein
besseres geben. Daß das geschieht, was früher unerhört
gewesen wäre, daß die Töchter unserer ersten Familien nach
Arbeit, nach vernünftiger, geistiger Anleitung und Kontrolle
verlangen, daß sie den Stand heben, auf den sie früher herab-
zusehen geneigt waren, das ist ein nicht hoch genug anzu-
schlagender Gewinn.

Aber nicht allen sagt eben dieser Beruf zu. Mögen sie
sich eine andere Existenz schaffen. Es ist gleichfalls im höchsten

Grade erfreulich, daß die Krankenpflege berufsmäßig erlernt und betrieben wird, daß die Kindergärtnerei sich ernsterer Aufmerksamkeit gerade der gebildeten Stände erfreut; daß das Gebiet des Kunstgewerbes und des Gewerbes überhaupt anfängt, für die Frauen in Betracht gezogen zu werden. Aber das alles genügt nicht. Soll eine Arbeit erlösen, so muß man sie nach dem inneren Bedürfnis wählen, muß man nach Maßgabe seiner Kräfte thätig sein dürfen, kein Gebiet sollte principiell verschlossen sein, auch das der höheren geistigen Bildung nicht. Denen, die geistig hungern, sollte man daher die beste geistige Nahrung freigeben, die Deutschland zu bieten vermag; niemandem sollte in deutschen Landen unbarmherzig irgend eine Gelegenheit zur Ausfüllung innerer Oede versagt, niemand gezwungen werden, zu ersticken, was wir aufs Höchste schätzen sollten: die Sehnsucht nach ernsthafter Geistes- und Berufsarbeit. Und doch wird dieser Geistesmord alle Tage in unserem Vaterland begangen.

Wer aber solchen idealen Gründen nicht zugänglich ist, den sollten praktische Gründe bestimmen, für die Freigebung akademischer Studien und der darauf begründeten Berufe auch für Frauen zu sprechen: ihre immer dringender werdende Not einerseits, die Notwendigkeit, sie in gewissen Berufen thätig zu sehn, andrerseits. Die Notlage unter den deutschen Frauen leugnet man immer noch gern; es ist so sehr unbequem, sie zugeben zu müssen. Aber Zahlen beweisen. Nun gab es nach der Volkszählung vom 1. December 1885 in Deutschland 15,181,823 ehemündige, d. h. über 16 Jahre alte Frauen. Davon waren verheiratet 7,944,445, d. h. 52,3 pCt., ledig 5,155,241, d. h. 34 pCt., verheiratet gewesen 2,082,137, d. h. 13,7 pCt. Es sind demnach in Deutschland 7,237,378 Frauen, d. h. 47,7 pCt., die sich stets wieder ergänzen, ohne „natürlichen Versorger", ganz abgesehen davon, daß viele, die einen solchen besitzen, auch nicht versorgt sind. Es scheint ferner die Zahl der Unverheirateten und Witwen, die nicht oder nur nebensächlich erwerbend thätig sind (teils als Haushaltsangehörige, teils selbständig), die also durch Familienanschluß oder durch selbständiges Vermögen so

gestellt sind, daß, wenn auch geistige Not, so doch materielle
nicht an sie herantritt, auf über zwei Millionen angeschlagen
werden zu können. Danach bleiben, abgesehen von den vielen
verheirateten Frauen, die noch auf irgendwelche Weise zu dem
Unterhalt ihrer Familie erwerbend beitragen müssen, gegen fünf
Millionen Unverheiratete und Witwen, die zeitweise oder dauernd
ihren Lebensunterhalt verdienen und zum Teil noch Andere
versorgen müssen. Was zunächst die unteren Stände betrifft,
so findet ein Teil der diesen angehörigen Frauen verhältnismäßig
leicht ein Auskommen, teils in dienender Stellung in reiner
Frauenarbeit, teils in Konkurrenz mit dem Mann, mit dem sie
hier völlig gleichgestellt sind, auch in Bezug auf die leicht zu
erwerbende äußere Ausbildung. Ein großer Teil hat wohl un-
säglich schwer zu ringen mit bitterem Elend; aber er hat wenigstens den Trost, nicht schlimmer daran zu sein als der Mann;
es sind hier keine willkürlich gemachten Unterschiede zwischen
Mann und Frau. Die Frauenfrage in den unteren Ständen
macht darum nur einen integrierenden Teil der sozialen Frage
aus und hängt mit ihrer Lösung zusammen. Ein willkürlich
geschaffenes, also auch leicht abzustellendes Mißverhältnis besteht
erst in den mittleren und oberen Klassen, in denen überdies
relativ viel mehr unverheiratete Frauen sind. Hier erst steht der
Mann der Frau privilegiert gegenüber; er hat außer den Vor-
teilen, die die Natur ihm verlieh, noch eine Menge von Vor-
teilen, die ihm die Gesellschaft, d. h. er selbst, zugesprochen hat,
und macht so der Frau das Elend, dessen Höhe die oben angeführten Zahlen wohl ahnen lassen, doppelt fühlbar. Ihm wird
jede Gelegenheit zur Ausbildung und alle nur denkbare Erleich-
terung geboten; der Frau wird selbst die staatliche Bestätigung
einer etwa selbständig erworbenen höheren Bildung (die Lehrerinnenbildung ausgenommen) verweigert; ihm stehen in den
zahllosen Beamtenstellen eben so viele lebenslängliche Ver-
sorgungen zu Gebote, an denen die Frau nur in ganz geringem
Maße Anteil hat.

Wenn sich einmal ein Verzweiflungsschrei gerade aus den ge-
bildeteren Klassen, als den aussichtslosesten, erhebt, wenn ihre Frauen

den Versuch machen, auch für sich irgendwelche von den Privi=
legien des Mannes zu erwerben, um in die durch die Verhält=
nisse notwendig gemachte Konkurrenz eintreten zu können, so
werden sie immer wieder auf den natürlichen Beruf der Frau
hingewiesen. Wahrlich, wer den oben angeführten Zahlen gegen=
über noch den Mut hat, die nach Brot oder einem befriedigen=
den Wirkungskreis Verlangenden auf einen Beruf hinzuweisen, den
ein sehr großer Teil der deutschen Frauen nicht oder nicht mehr
erfüllen kann, den beneide ich nicht um sein Herz und um
seine Einsicht. Solchen Zahlen gegenüber ist das Wort vom
natürlichen Beruf, von der Stellung der Frau als Gehülfin des
Mannes eine Unbarmherzigkeit. Diese Zahlen stellen sich zwar
in andren Ländern nicht wesentlich anders; überall fängt man
aber auch hier an, die willkürlich gemachten Unterschiede aufzu=
heben; man sucht das Schicksal der Frau durch Freigebung aller
Berufe zu erleichtern und so wenigstens einem Teil genügen=
des Auskommen zu verschaffen. Es bleibt auch dann bei der
größeren physischen und geistigen Widerstandskraft des Mannes
und seiner dadurch bedingten höheren Konkurrenzfähigkeit noch
Elend in Menge übrig. Ich habe es nun hier und heute nur
mit den gelehrten Berufen zu thun; es liegt auf der Hand,
daß damit nur einer bestimmten Klasse, einer verhältnismäßig
geringen Anzahl von Frauen geholfen würde; wie auch für
andre gesorgt werden kann, das zeigen Frankreich, England,
Belgien, die Schweiz, zum Teil auch Süddeutschland mit ihren
Anstellungen von Frauen im Eisenbahn=, Post= und Telegraphen=
dienst. Daß hier wie überall die Befähigung das erste Wort
sprechen muß, ist selbstverständlich; daß aber die Befähigung
zu all diesen Berufszweigen gerade den preußischen Frauen
abgehen soll, ist doch kaum glaublich.

Es ist ferner die Notwendigkeit hervorgehoben, Frauen
in gewissen Berufen thätig zu sehen. Dahin gehört zunächst der
ärztliche.*) Daß das Zunehmen der Frauenkrankheiten weibliche

---

*) Frau Professor Weber hat in mehreren Veröffentlichungen diese ethische
und sanitäre Notwendigkeit den deutschen Männern genugsam und aus entschie=
denster Überzeugung ans Herz gelegt.

Ärzte zu einem gar nicht mehr wegzuleugnenden Bedürfnis macht, ist allgemein anerkannt, und doch nimmt selten jemand die Partei der Frau gegenüber dem nicht ausschließlich edlen Motiven entspringenden Widerspruch der Ärzte. Diese dagegen haben noch neuerdings einen beredten Anwalt in Professor Wilhelm Waldeyer gefunden, der auf der Naturforscherversammlung zu Köln einen öffentlichen Protest gegen die allgemeine Freigebung des medizinischen Studiums für Frauen erhoben hat. Ich darf diesen Protest bei der Bedeutung Waldeyers und bei der großen Wichtigkeit der Frage um so weniger unberücksichtigt lassen, als er mehrere Punkte von prinzipieller Bedeutung berührt.

Wenn Professor Waldeyer zunächst meint, daß schon im Altertum die Stellung der Frauen bei den Kulturvölkern keine ungünstigere gewesen sei als die der Männer, so bedürfte es, um davon zu überzeugen, wohl beweiskräftigerer Beispiele als das gelehrte und politisierende Hetärentum Griechenlands und die Frauen der römischen Kaiserzeit! Wenn diese Frauen vielleicht thatsächlich keine hemmende Schranke kannten, so hinderte sie etwas anderes, in Kunst und Wissenschaft etwas zu leisten: wie ihre Mitschwestern durch mechanische Arbeit oder den lähmenden Druck unwürdiger Abhängigkeit, so waren diese Frauen durch üppiges Wohlleben entnervt und zu geistiger Initiative unfähig gemacht; sie konnten mit ernsten geistigen Fragen höchstens kokettieren. Ein zwiefacher Fluch hat im ganzen Altertum auf der Frau gelastet: der geisttötende Druck mechanischer Arbeit oder der erschlaffende Reiz träger Üppigkeit: sie ist entweder Sklavin oder Luxusartikel gewesen. Auch die Frau des Mittelalters, die sich schon durch feine Geisteskultur auszeichnete und darin vielfach Befriedigung fand, hat die stärksten Antriebe zu geistiger Arbeit noch nicht gekannt: weder die Notwendigkeit beruflicher Ausnutzung derselben, noch das Gefühl äußerer und innerer Selbständigkeit, das die Not unserer Tage rasch gezeitigt hat, noch endlich die geistige Not, die in der rastlos thätigen Gegenwart ganz anders empfunden wird als im beschaulichen Mittelalter, das für innere und äußere Not das gleiche Universalmittel bei der Hand hatte: das Kloster. Wir können also mit Recht behaupten, daß erst heute die Vorbedingungen bestehen, die es der Frau ermöglichen, zu zeigen, wozu sie wirklich fähig ist.

Aber ich gebe vollständig zu, daß, wenn in den Frauen eine große produktive Kraft lebendig gewesen wäre, sie sich auch durch die obenerwähnten ungünstigen Umstände nicht hätte unterdrücken lassen; ich erkenne gern an, daß bei der geistigen Veranlagung der beiden Geschlechter dem Manne diese produktive Kraft in ungleich höherem Maße zugefallen ist als der Frau, daß also Wissenschaft und Kunst bis ans Ende der Welt ihre Hauptförderung vom Manne erfahren werden. Dieser Produktivität des Mannes stellt Walbeyer die Rezeptivität des Weibes gegenüber. Aber dabei vergißt er völlig, daß zwischen beiden ein drittes liegt: die praktische Ausübung. Es ist wohl möglich, daß die Frau selten oder nie eine Wissenschaft um ein Wesentliches fördern wird, warum sollte sie deshalb nicht ausübend darin thätig sein können? Wenn man die Grenze für die Ausübung gelehrter Berufe da ziehen will, wo die selbständige Schöpferkraft aufhört, so werden allerdings diesseits der Grenze mit wenigen Ausnahmen alle Frauen stehen, aber auch mindestens 90 pCt. der Männer. Wenn von den jetzt im Beruf stehenden Ärzten und Lehrern z. B. alle die ausgemerzt werden müßten, denen die Fähigkeit abgeht, ihre Wissenschaft selbständig zu fördern, so würden 9/10 der Menschheit nicht wissen, von wem sie sich kurieren und unterrichten lassen sollten. Warum diese Fähigkeit zu selbständiger Förderung eines Berufs der Ausübung desselben so günstig sein soll, vermag ich nicht einzusehen. Der Arzt, der Lehrer, die die Fähigkeit zu selbständiger wissenschaftlicher Arbeit haben, sind nicht unbedingt die besten in ihrer äußeren Berufsthätigkeit; sie werden leicht ihre täglichen Forderungen gelegentlich hintenansetzen. Die Frau, deren geistige Befähigung wohl zu sicherer und selbständiger Ausübung des ärztlichen oder Lehrerberufs, wenn auch nicht zu wesentlicher Förderung der Wissenschaft ausreicht, wird eben darum mit ihrem ganzen Sein sich der praktischen Ausübung ihres Berufs hingeben. Von einem idealen Gesichtspunkt aus müßte sie also gerade willkommen geheißen werden; entlastet sie doch den Mann und macht seine Kraft zu weiterer Förderung seiner Wissenschaft frei. Und daß, wie Waldeyer fürchtet, durch Zulassung der Frauen zum medizinischen Studium eine geringere Beteiligung der Männer an demselben eintreten würde, könnte doch nur dann ein Schade sein, wenn diese Männer thatsächlich den Frauen an Befähigung überlegen wären. Das aber kann doch nur die Konkurrenz ergeben. Professor Waldeyer hat ganz recht: Die furchtbarste Waffe des Menschen ist das Gehirn. Wenn ich nun nur einsehen könnte, warum, wenn dieser Satz, wie mir unbestreitbar erscheint, richtig ist, die Männer immer noch äußere Gewalt anwenden, d. h. die Frauen durch Zwang fernhalten von der geistigen Arena! Wenn es wahr ist, daß „noch überall da, wo Mann und Frau in freien Wettbewerb auf demselben Felde traten, das Weib unterlegen" ist, warum setzt man denn immer Himmel und Erde in Bewegung, um die Frauen von solcher Niederlage zurückzuhalten? Warum appelliert auch Professor Waldeyer an die Behörden zum Schutz des starken Geschlechts gegen das schwache? Es muß doch wohl wahr sein, daß mit dem weiblichen Gehirn irgend etwas nicht in Ordnung ist; nicht einmal die Logik dieses Verfahrens will ihm einleuchten.

Doch die Wissenschaft soll darunter leiden, wenn Frauen in die gelehrten Berufe eintreten! Und die Männer sollten nicht Manns genug sein, sie zu halten? Es ist doch psychologisch ein sehr feiner Zug, daß schon Adam sagen muß: „Das Weib gab mir, und ich aß." So behauptet auch Max Nordau in einer Vorrede, die ich ungern in dem Buch einer Frau sah, daß die Frauen schuld seien an dem Verfall der deutschen Litteratur. „Das Weib gab mir, und ich aß." — Der Einwand ist wohl kaum ernsthaft zu nehmen.

In dem, was Professor Waldeyer sodann von der geschlechtlichen Differenzierung und der daraus von selbst sich ergebenden Arbeitsteilung sagt, liegt sehr viel Wahres. Er zieht aus diesen Erwägungen den Schluß: „Die Frau bleibe in demjenigen Kreise, in welchem sie ihre natürliche Kraft und Entwickelungsfähigkeit besitzt." Ganz recht, aber welches ist dieser Kreis?

Das bestimmt der Mann für sie. Man spricht so viel von Instinkten der Natur. Wenn nun gegenwärtig die Frauen in immer steigender Menge ihren Anteil an der Kulturarbeit, an den Berufen, die der Mann mit Beschlag belegt hat, fordern, so, meine ich), ist das ein solcher Instinkt, ein Vorgefühl, daß sie eben noch für einen weiteren, als den ihnen bisher vom Manne zugewiesenen Kreis „natürliche Kraft und Entwickelungsfähigkeit" besitzen; so ist das ein Kampf der Natur gegen die, die sie unterdrücken wollen. Die notwendige Arbeitsteilung scheint mir durchaus nicht mit der von Professor Waldeyer so plausibel gemachten Berufsteilung zusammenzufallen. Da hätten jeden= falls wir Frauen noch recht viel zu fordern, denn die Berufe gehören fast alle den Männern. Frau Weber macht darauf aufmerksam, daß die Chinesen in Nordamerika jetzt schon waschen und bügeln; soll etwa auch das als „männlicher Beruf" rekla= miert werden? Aber wir Frauen sind sehr duldsam, niemand von uns wird dagegen protestieren. Wir verlangen bescheiden nichts weiter, als daß mutatis mutandis das Lessing'sche Wort vom Prediger und dem Komödienschreiber hier angewendet werde: „Darf der Mann weibliche Berufe ergreifen? Warum nicht? wenn er will. Darf die Frau männliche Berufe aus= üben? Warum nicht? wenn sie kann." Soweit die Natur selbst eine Berufsteilung vornimmt, sind wir ganz einverstanden; Mathilde Lammers hat Recht, wenn sie meint, am Ambos werde sie sich immer nur einen Mann, an der Wiege nur eine Frau denken können. Die innere Leitung des Hauswesens, das stille Walten in der Familie wird sich die Frau nie nehmen lassen; die Verteidigung dieses Hausfriedens nach außen durch physische Kraft wird sich der Mann vorbehalten. In dieser Trennung liegt Natur; nicht aber in der Trennung von geisti= ger und mechanischer Arbeit, von denen letztere willig, auch wo sie große physische Anstrengung erfordert, der Frau zuerkannt, erstere als die interessantere, befriedigendere und — lohnendere vom Manne reklamiert wird. Die Frauen haben dasselbe Recht auf geistige Arbeit wie der Mann, und die Differenzierung der Geschlechter wird immer nur zum Teil in der Berufsteilung

zum Ausdruck kommen. Zum Teil wird sie sich in der Eigen=
art geltend machen, in der der gleiche Beruf aufgefaßt, in der
innerhalb desselben gewirkt wird. Wenn der Mann beispiels=
weise zum Lehrberuf größere Gedankenschärfe, Systematik, Kraft
mitbringt, so die Frau eine größere Beweglichkeit, Anpassungs=
fähigkeit, Geduld; durch Beteiligung beider Geschlechter an
dem Beruf kann er nur gewinnen; eins wird vom anderen
lernen. Es kommt dazu, daß gerade beim Lehrberuf und beim
ärztlichen die Zweigeschlechtlichkeit des Menschengeschlechts ein
Grund mehr dafür ist, den Beruf beiden Geschlechtern frei=
zugeben; Mädchen werden i. a. besser durch Frauen, wie Knaben
durch Männer unterrichtet, und viele kranke Frauen wollen
nun einmal lieber durch Frauen behandelt werden.

Trotz aller Bedenken, die er erhebt, erkennt nun Professor
Waldeyer an, daß es eine ernste Aufgabe sei, den Frauen an=
dere „Lebens= und Existenzbedingungen zu sichern“; er giebt zu,
daß die Frauenfrage ein warmes und nachhaltiges Interesse
verdient. Aber mir ist nicht erfindlich, nach welcher anderen
Richtung hin sich das bethätigen soll, als darin, daß die
Schranken niedergerissen werden, die die Frau hindern, sich
selbst andere Existenzbedingungen zu schaffen. Nur dadurch
ist ihr geholfen. Ich glaube, daß es Professor Waldeyer
Ernst ist mit seinem Interesse an der Sache; er verschmäht,
obwohl prinzipieller Gegner des Frauenstudiums, die beliebten,
sonst üblichen Uebertreibungen und Entstellungen, wenn er auch
auf das Urteil einiger sehr unritterlicher Gegner der Frauen zu
viel giebt. Aber bei allem Nachdenken kann ich keinen Weg
ausfindig machen, auf welchem er dies Interesse bethätigen will,
und sonderbarer Weise giebt er selbst auch keinen an. Denn
daß er den Vorschlag macht, den Dozenten anheimzugeben, ein=
zelne besonders begabte Frauen zu ihren Vorlesungen zuzulassen,
kann kaum als ernstliche Förderung der Frauen=Interessen be=
trachtet werden. Vom Mann verlangt man das Maturitäts=
examen, keine besondere Begabung. Alle Männer wollen ein=
mal ihr Brot verdienen, auch die nicht besonders Begabten,
die nur durch Fleiß zu einer Durchschnittsleistung gelangen

können; dasselbe gilt heute von vielen Frauen; warum sollten sie unter Ausnahmebedingungen gestellt werden?

Aber genug von dieser Sache und genug vom ärztlichen Studium. Zu den praktischen Gründen, aus welchen die Universität den Frauen geöffnet werden sollte, wird auch die Notwendigkeit gerechnet, wissenschaftlich durchgebildete Lehrerinnen zu schaffen.

Wie ich persönlich zu dieser Frage stehe, habe ich genugsam ausgesprochen. Ich würde es für sehr verfehlt halten, wenn akademische Studien, besonders philologische, für Lehrerinnen an den Oberklassen der Mädchenschulen obligatorisch gemacht würden. Die Erfahrungen in England, wenn sie mich auch überzeugt haben, daß auch der Durchschnitt der Frauen — wo Hunderte studieren, kann man nicht wohl mehr von bloßen Ausnahmen sprechen — wissenschaftlichen Studien in höherem Grade gewachsen ist, als ich angenommen, wenn sie mich ferner auch überzeugt haben, daß weibliche Art dabei vollkommen gewahrt werden kann, haben mich doch in meiner Ansicht nicht irre machen können. Jedermann weiß, daß die englischen Universitäten nicht wie die unseren in erster Linie Fachschulen der vier Fakultäten, sondern mehr Pflegestätten allgemeiner Bildung sind. Eben dieses Charakters und der weniger hohen Ziele wegen eignet sich die englische Universität meiner Auffassung nach besser dazu, die Lehrerin, die ja keine Gelehrte sein soll, vorzubilden. Aber solche Dinge sind Ansichtssachen, und ich kann nicht verlangen, daß allen Bäumen eine Rinde wachse. Ich habe meinerseits die Begründung besonderer Anstalten für Lehrerinnen gewünscht und beantragt, Anstalten, in denen ihren Studien bei aller wissenschaftlichen Vertiefung doch eine Richtung auf die später damit zu verbindenden Zwecke gegeben werden könnte. Dieser Antrag ist rundweg abgeschlagen worden, ohne daß Wege in Aussicht gestellt wären, auf denen die Lehrerinnen sich sonst die so bringend notwendige Durchbildung aneignen könnten. Jeden Versuch, die aufgestellten Ideen auch nur teilweise zu verwirklichen, begrüße ich mit Freuden; so die Einrichtung von Fachkursen (Geschichte und

Deutsch) im Viktoria=Lyceum, die hauptsächlich durch das warme Interesse unserer Kaiserin Friedrich für die Lehrerinnen ermöglicht wurde.

Aber das ist ein einziger kleiner Fußpfad, den zu gehen nur wenigen möglich ist. Will man nicht mehr breite, gerade Straßen zum Ziel schaffen, sollen unter behördlicher Sanktion nur diese beiden Fächer in einer einzigen Stadt Deutschlands gelehrt werden — bloße Privatveranstaltungen haben aus naheliegenden Gründen nicht den geringsten Wert — so erscheint es unbillig, solchen Lehrerinnen, die zeitlicher und räumlicher Gründe wegen diesen Weg nicht gehen können, zu verwehren, sich irgendeinen andren Weg, und sei es ein Umweg, zu dem dringend zu wünschenden Ziele zu suchen. Wenn sie daher — wie mir mehrfach vorgekommen ist — den Wunsch haben, in irgend einem Fach Universitätsstudien zu machen, wenn sie glauben, damit eine Förderung für ihren Beruf, eine größere Befriedigung für ihr eigenes Streben zu erreichen, so sollte man sie nicht daran hindern. Da die Behörde der Lehrerin nach Ablegung des Lehrerinnenexamens die Befähigung, auch in den Oberklassen zu unterrichten, garantiert, so ist sie zur Erlangung der formellen Berechtigung ja an keinen bestimmten Studiengang auf der Universität gebunden und könnte ungehindert nach freier Wahl einzelne Zweige ergreifen. So wenig ich das bloße Universitätsstudium für geeignet zur Vorbildung für Lehrerinnen halte, so entschieden ich dabei bleibe, daß sehr ernste Gefahren für unsere Mädchenschule darin liegen würden, wenn es obligatorisch gemacht würde, so sehr ich an meinen besonderen Wünschen festhalte, so erscheint mir doch die Notwendigkeit, den Lehrerinnen die Möglichkeit zu gewähren, irgendwo und wie wahre Wissenschaft kennen zu lernen, so dringend, daß ich bei der gänzlichen Aussichtslosigkeit für meine eigenen Pläne diesem fakultativen Studium einzelner Zweige das Wort reden möchte. Ist es ein Übel, so ist es jedenfalls von zweien das kleinste, und wir sind es zu wählen fast gezwungen. Es handelt sich nach der gänzlichen Zurückweisung unserer gewiß nicht unbescheidenen Forderungen um die Frage: sollen

unsere Lehrerinnen wieder auf Jahrzehnte hinaus zu aussichts-
losem Elementarwissen verurteilt sein, oder sollen sie nach durch-
gemachter seminaristischer Vorbildung wenigstens die Möglichkeit eines weiteren Studiums haben; sollen sie auf diese Weise,
auf einem Umwege, versuchen, die so dringend notwendige Ver-
einigung von praktischer und wissenschaftlicher Bildung zu erlangen. In Zürich hat man diesen Weg schon seit längerer Zeit
eingeschlagen, und ich meine, es sei unbillig, die zurückzuhalten,
die ihn gehen wollen. Es würden sich gewiß auch mit der
Zeit Stipendien finden, wie sie jetzt schon für Studentinnen der
Medizin und der Naturwissenschaften möglich gemacht worden
sind. Vor einer Überschätzung gerade des philologischen Studiums
wäre aber doch zu warnen. Ein paar Jahre im Auslande ver-
lebt, genügende Vorschulung vorausgesetzt, sind für den fremd-
sprachlichen Unterricht an den Oberklassen unserer höheren
Mädchenschulen von viel entschiedenerem Wert als philologische
Studien, die unendlich vieles umfassen, was für die Mädchenschule durchaus unfruchtbar ist. Litterarische, geschichtliche und
naturwissenschaftliche Studien würden weit mehr für Lehrerinnen
zu empfehlen sein, wenn — ja, wenn es ein Deutschland gäbe,
in dem die Wissenschaft auch für die Frauen frei ist!

Daß so manche meiner Kolleginnen, wie mir in letzter
Zeit nahe getreten ist, lieber einen Universitätskursus, als einen
für ihre Zwecke geeigneteren, mehr auf die spätere Verwertung
in der Schule berechneten Kursus durchmachen möchte, erklärt
sich leicht aus dem schon vielfach erwähnten Umstande, daß der
Mann, auf dessen Urteil doch in diesen Dingen alles ankommt,
ein Studium nicht als voll gelten lassen will, das, als dem
seinigen gleichwertig bezeichnet, doch nicht gleichartig ist. Es
verlangt vielleicht gleiche Anstrengung, gleiche Zeit- und Geld-
opfer, ohne doch zum Schluß dieselbe unbedingte Geltung zu
gewähren, wie das überall bekannte und anerkannte akademische
Studium und der akademische Grad. Später wird man über
diese Dinge anders denken; einstweilen wird man mit Gründen dieser Art zu rechnen haben und wird es darauf schieben
müssen, wenn so dankenswerte Bildungsveranstaltungen, wie die

am Viktoria=Lyceum getroffenen, auf die Dauer doch nicht die Anerkennung und die Beteiligung finden sollten, die wünschens= wert sind. Es tritt noch ein anderer Umstand erschwerend hinzu. Die dort studierenden Berliner Lehrerinnen haben nebenher ihre volle Schullast zu tragen. Wenn hier etwa beteiligte Be= hörden ein Interesse an dem Gelingen des Experiments be= thätigen wollten, so könnte das durch Erteilung eines wenn auch nur teilweisen Urlaubs, wie ihn in ähnlichen Fällen Männer leicht erhalten, geschehen. So kommt mir die Sache so vor, als ob man einen angehenden Schwimmer, von dem man ohnehin schon fürchtet, daß er schwächer ist als ein anderer, mit einer schweren Last um den Hals schwimmen lehren will. Aber vielleicht würde die Aussicht auf eine spätere, angemessene Verwendung der Studien die doppelte Last ertragen lassen. Die Frau arbeitet eben so ungern zwecklos wie der Mann. Was in dieser Beziehung zu erwarten steht, ist ganz richtig durch das Dante'sche Wort bezeichnet worden: „Laßt, die ihr eingeht, jede Hoffnung schwinden." Es wäre nicht unmöglich, daß diese Um= stände die neuen Kurse zu einem Danaergeschenk für die deut= schen Frauen machten; wenn sie im Sande verliefen, würde man dies Resultat einem Mangel an Bildungsbedürfnis zu= schreiben, während es auf ganz andere Ursachen zurückzuführen wäre. Einstweilen wollen wir hoffen. Es ist ein sehr günsti= ges Zeichen für das Bildungsbedürfnis unserer Lehrerinnen, daß sie ohne jede Aussicht auf Beförderung und trotz der vollen Be= rufsarbeit das Studium in Angriff genommen haben; wünschen und hoffen wir, daß Kraft und Mut bis zum Schluß aus= reichen; wenn keine andere, so wird wenigstens die deutsche Privatschule thätige Anerkennung dafür haben.

VIII.

Es wird nunmehr genügendes Material vorliegen, um an die ordnungsmäßige Beantwortung der zu Anfang aufgeworfenen Fragen zu gehen: Woran liegt es, daß den deutschen Frauen nicht gelingen will, was bei allen anderen Kulturvölkern gelang? Liegt es an den Frauen selbst? Oder an den Männern? Oder an nicht zu beseitigenden äußeren Verhältnissen?

Ich will die Reihenfolge der Fragen für die Beantwortung umkehren. Denn die äußeren Verhältnisse sind es ja immer, die man in erster Reihe vorschiebt, wenn wir Frauen darauf hin= weisen, daß in anderen Ländern die Frauenfrage auf dem besten Wege sei, durch Gewährung der entsprechenden Freiheiten und Zugeständnisse entschieden zu werden. Man sagt uns dann, daß in Deutschland noch so viel Männer zu versorgen sind. Das ist aber in anderen Ländern auch der Fall, ohne daß ihnen bei der Bewerbung um eine Stelle ihr Geschlecht allein dort einen so entschiedenen Vorzug verschaffte, wie das in Deutschland ge= schieht. Ich weiß wohl, die Frage nach dem Grunde dieses Vorzugs wird für sehr vorwitzig gehalten werden. Aber dem unbefangenen Denken will es so garnicht einleuchten, warum dem Starken mehr der Schutz der Regierung zu teil werden soll, als der Schwachen, die im Kampf ums Dasein so manche Nach= teile hat, daß es einem fast erscheinen möchte, als ob sie eher in eine gesicherte Stellung gebracht werden müßte. Und so ist es fast unvermeidlich, daß die Schwachen einmal nach dem Grunde forschen. Ist der Mann etwa Mensch erster, die Frau Mensch zweiter Klasse in Deutschland? Oder nimmt man an, der Frau thue der Hunger weniger weh als dem Mann? Wir werden bedeutet, man müsse den Mann zuerst versorgen, denn damit versorge man noch andere. Mir ist nun aber kaum eine verdienende Frau bekannt, die nicht von ihrem Verdienst ent= weder alte Eltern oder studierende Brüder unterstützte, jüngere Geschwister versorgte oder sonst Hülfsbedürftigen etwas zufließen ließe. Der Grundsatz dürfte also durchaus nicht immer gegen die Frau entscheiden. Aber er ist überhaupt nicht durchführbar. Die Konsequenz wäre, daß verheiratete Männer immer — nicht bloß bei gleicher Qualifikation, wo das ja bisweilen geschehen mag, — den unverheirateten vorgezogen würden, daß der Anspruch auf eine Stelle mit der Kopfzahl der Familie wüchse; ja, in weiterer Verfolgung des Prinzips: daß die Gehälter im Verhältnis zum Kinderreichtum ständen und bei der Geburt jedes Kindes erhöht würden; daß sie in umgekehrtem Verhältnis zu den Privateinkünften ständen ꝛc.! Wer wird im Ernst solche Absurditäten aufstellen wollen! Verwirft man aber die Konsequenz, so kann auch das Prinzip nicht gelten. Und in der That wird es nur den Frauen gegenüber geltend gemacht. Bei der Konkurrenz der Männer gilt, wie man annimmt, nur e i n Grundsatz: die Stellung bekommt allemal der, der am fähigsten dazu ist; warum dehnt man diesen Grundsatz nicht auf Männer und Frauen aus? und warum giebt man nicht den Frauen so gut wie den Männern Gelegenheit, die etwa fehlende Befähigung zu erlangen? Es sind offenbar nur zwei Möglichkeiten da: entweder sind a l l e Männer fähiger als a l l e Frauen, dann haben sie eben von der Konkurrenz nichts zu fürchten und können die Frauen durch Gewährung ihrer Forderungen ad absurdum führen, oder es sind e i n i g e Frauen fähiger als e i n i g e Männer; ist es da gerecht, die unfähigeren Männer in Stellen zu lassen, die den fähigeren Frauen gebühren?

Kurz, ich werde mich wohl auf meine Frage mit der Antwort begnügen müssen, die ich kürzlich einem kleinen Mädchen geben hörte, das sich beklagte, sein Bruder habe das größere Stück Kuchen bekommen: „Dafür ist er auch ein Junge." Die Antwort hatte eine verblüffend überzeugende Wirkung.

Aber prüfen wir weiter die Verhältnisse, die, als Deutschland ganz allein eigentümlich, stets für die Nichtgewährung der Frauenforderungen verantwortlich gemacht werden. Unsere Universitätsverhältnisse sollen es nicht gestatten. Warum nicht? Die Examina seien schwerer, als anderswo. Kann sein; wer verlangt denn, daß sie für die Frauen leichter gemacht werden? Es wird ja nur verlangt, daß den Frauen u n t e r d e n s e l b e n

Bedingungen Zutritt gewährt werde wie den Männern; sind
nur wenige imstande, diese Bedingungen zu erfüllen, — das wird
zu Anfang vermutlich der Fall sein — so können ja die sich
freuen, die das Frauenstudium möglichst zu beschränken wünschen;
warum aber die Schwierigkeit der Examina ein Grund für die
Nichtzulassung der Frauen sein soll, ist mir unerfindlich.

Ferner: unsere Studenten würden sich weibliche Kollegen
niemals gefallen lassen. Sollten sie wirklich in der Kultur so
viel weiter zurück sein, als die der anderen Nationen? Aber das
bringt mich auf einen Punkt, der weitläufiger behandelt sein will.

Es ist wahr, der deutsche Student hat noch mancherlei vom
alten Burschen: ich glaube aber doch, daß ihm Achtung genug
vor der Frau innewohnt, um sie zu respektieren, auch wenn er
sie bisher ungewohnte Wege wandeln sieht, falls sie dabei Frau
bleibt. Aber das verlange ich gar nicht von ihm, daß
er solche Frauen achte, denen die Wissenschaft Neben=
zweck und das Leben der Studentin Hauptzweck ist.
Und ich fürchte, in dieser Beziehung ist früher in unserem Nach=
barlande, der Schweiz, von studierenden Ausländerinnen mancherlei
Falsches geschehen, das nun den Nachfolgerinnen Schwierigkeiten
bereitet. Den Grund zu etwaigen Ausschreitungen unweiblicher
Art sehe ich hauptsächlich in dem Umstande, daß den zum Teil
noch recht jungen Mädchen keine andere Wahl freisteht, als wie
ein junger Student in ungebundener Weise zu wohnen, zu essen,
zu leben, ohne Anschluß vor allem an ältere, gebildete Frauen.
Da geht leicht ganz allmählich die Fühlung für das Angemessene
zu Grunde; da tritt an die Stelle des: Erlaubt ist, was sich
ziemt, das: Erlaubt ist, was gefällt. Dagegen giebt es nur ein
Mittel, das in England, allerdings im Anschluß an schon be=
stehende Sitten, mit sicherem Takt ergriffen ist: Die Einrichtung
von Internaten, in denen die Studentin Anschluß an ältere, fein=
gebildete Frauen findet und — nicht etwa deren Zwangseinfluß,
aber ihrem moralischen Einfluß zugänglich ist; in denen sie
dieselbe Freiheit genießt, die die gebildete Frau in ihrer Häus=
lichkeit hat, oder besser gesagt, sich nimmt. Denn die Freiheit,
ein Straßen= und Wirtshausleben zu führen, die dem jungen

7*

Mann nach den Gymnasialjahren als das höchste Gut erscheint, die nimmt sich eben die gebildete Frau nicht, auch wo es die äußeren Umstände gestatten. Da sie aber anregenden Verkehr nicht im Wirtshaus und nicht auf der Gasse suchen kann, so bedarf sie um so dringender desselben im Hause. Der Frau dürfen während der Studienjahre nicht die Instinkte abhanden kommen, die sie im Hause ihr Glück finden lassen; sie darf nicht den Maßstab verlieren für das, was sie zu thun und zu lassen hat. Mit der Zeit und bei anderer Erziehungsweise wird sie mit sicherer Fühlung mancherlei Klippen vermeiden lernen, an denen sie jetzt noch leicht scheitert. Selbstsichere und glücklich beanlagte Naturen werden ja auch jetzt ohne Gefahr ihr Leben als Studentin auf eigene Hand regeln können; den meisten unserer unselbständig erzogenen deutschen Mädchen aber würde ein Heim wie die englischen (wenn auch weniger luxuriös) mit seinem gemütlichen Verkehr, seinen Musik= und Theeabenden, seinem gelinden Zwang — denn nur ein solcher darf es sein — ein außerordentlich willkommener und nützlicher Anhalt sein; es würden auch, wie Frau Weber ganz richtig bemerkt, viele Eltern ihre Töchter leichteren Herzens ihrem Studiendrang folgen lassen, wenn das — wenn auch noch so tadellose — Alleinleben außerhalb der Familie und befreundeter Kreise nicht wäre.

Wie aber die jungen Studentinnen eines gemütlichen häuslichen Anschlusses bedürfen, so bedürfen sie auch gelegentlich des Rats und der Hilfe für ihre Studien. Beide können ihr schwerlich ganz in derselben Weise wie dem Studenten durch die Professoren zu teil werden; unbefangener und lieber wird sie die Frau darum angehen. Es ist denkbar, daß an der Spitze des Heims — wie das z. B. in Girton College der Fall ist — eine Frau steht, die den Studiengang der Studentinnen kennt und teilweise selbst absolviert hat, die also im Heim selbst Rat erteilen und thätige Hilfe leisten kann. — In University College in London dagegen ist, wie schon kurz erwähnt, die Einrichtung getroffen, daß einer Lady superintendent im Universitätsgebäude selbst ein Amtszimmer angewiesen ist, wo sie für alle Studentinnen, die ihren Rat und ihre Hilfe brauchen, zugänglich ist.

Die Einrichtung hat sich als sehr praktisch bewährt und nicht zu den geringsten Unzuträglichkeiten geführt, da die Haltung der Professoren den Studenten die ihrige vorschrieb. Darauf würde wohl überhaupt in der ganzen Frage der Schwerpunkt fallen; an und für sich ist sicher gegen ernste geistige Arbeit, von Frauen, die in geordneter Gemeinschaft leben, zu einem ernsten Zweck unternommen, nichts einzuwenden; diejenigen, die geistige Arbeit überhaupt für unweiblich halten, ziehe ich nicht in Betracht, da ich sie nicht zu überzeugen weiß. Ich meinesteils glaube nicht, daß irgend eine deutsche Studentenschaft in unpassender Weise gegen solche Frauen vorgehen würde.

Kurz, an äußeren, nicht zu ändernden Umständen scheint es mir in Deutschland nicht zu liegen, wenn die Frauen nichts erreichen. Selbst finanzielle Schwierigkeiten können als Grund nicht vorgeschoben werden; so arm ist Deutschland nicht, daß nicht die Vorkehrungen getroffen werden könnten, die für das Frauenstudium nötig wären, zumal ja in vielen Beziehungen die Einrichtungen benutzt werden würden, die für die Männer so wie so schon vorhanden sind.

Liegt es denn an den Männern? Ohne Zweifel tragen sie einen großen Teil der Schuld. Schon lange mühen sich einzelne einsichtsvolle Frauen, die Männer für ihre Sache zu interessieren; es wird wohl nicht geleugnet werden können, daß sie nicht das Entgegenkommen gefunden haben, wie in anderen Ländern. Das Jahr, in dem Girton College gegründet wurde, in dem die Professoren und Studenten in Cambridge mit dem größten Interesse die wachsende Anstalt beobachteten, ist dasselbe Jahr 1872, in welchem die Weimarer Lehrerversammlung die Frauen, die sie für den Plan einer sehr bescheiden gedachten Akademie für Frauen interessieren wollten, mit Spott und Hohn wahrhaft überschüttete. Auch die Anträge, die die Frauen später nach dieser Richtung hin den Behörden einreichten, sind völlig unbeachtet geblieben. Bei den in Menge neu gegründeten Mädchenschulen sind lediglich Männer als Dirigenten und erste Lehrer angestellt, obwohl sich viele Frauen, trotzdem sie nach wie vor auf Autodidakie angewiesen waren, an Privatschulen bewährt hatten; ein Antrag des Lettevereins, höhere Bildungsanstalten für Frauen zu gründen, wurde abgewiesen, ebenso scheiterten die dahin zielenden Bemühungen des Allgemeinen deutschen Frauenvereins unter seinen rührigen Vorsteherinnen L. Otto-Peters, A. Schmidt und H. Goldschmidt. Wo man mit Frauen in irgendwelchen Branchen Versuche anstellte, geschah es mit schlecht verhehltem Mißtrauen; argwöhnisch beobachtete man, und bei dem geringsten Anlaß gab man die Versuche auf. Wo Frauen sonst in „männlichen" Berufen thätig waren, fanden sie, wo nicht direktes Übelwollen, so doch wenigstens nicht das geringste Entgegenkommen.

Es sind das alles nur Thatsachen, die ich berichte; es würde mir leicht sein, sie durch eine lange Reihe anderer zu vermehren. Worin haben sie nun ihre Ursache? Es wäre offenbar ungerecht, wenn man das Verhalten der Männer lediglich auf Konkurrenzfurcht und Übelwollen schieben wollte, obwohl diese Momente mit in Anschlag gebracht werden müssen. Bei einem großen Teil der Männer liegt offenbar nur Gleichgültigkeit vor. Sie haben über die Frauenfrage nie nachgedacht. Sie kennen die Notlage nicht, die sie geschaffen. Daß sie sie nicht kennen, ist zum größten Teil die Schuld ihrer eigenen Frauen. „Es ist die Frau, die den Mann für die Frauensache gewinnen müßte. Diese liegt den Berufswegen der meisten Männer weit ab. Was ihnen davon zu Ohren kommt, ist so zufälliges, unzusammenhängendes Stückwerk, daß sie sich gelangweilt oder auch amüsiert oder empört davon abwenden. Es ist interessant, zu beobachten, wie wir die meisten Empörten unter den Ritterlichsten ihres Geschlechts finden. Gerade Männer mit hohen Vorstellungen von der Frau, von ihrem schweren natürlichen Beruf und von den Pflichten, die dagegen zu leisten sind, wenden sich mit Abscheu von den Zumutungen ab, die eine neue Weltordnung dem Teile der Menschheit stellt, den sie zu schützen, zu erhalten sich als verpflichtet erklären. Es ist mir öfter Gelegenheit geworden, bei dem tieferen Eindringen in die Sache bei solchen Männern zu beobachten, wie der eigene ritterliche Standpunkt sie hoch über die Wirklichkeit hinwegsehen ließ, hinweg über die zahllosen Geschöpfe, die eben keine solchen Ritter aufzuweisen haben, wohl aber alle Bedürfnisse des harten Lebens, um deren Befriedigung gekämpft sein will. Jeder edle Mann läßt sich durch Logik, durch Hinweisen auf bestehende Thatsachen seine Vorurteile beseitigen, um dem Recht, dem er sich unwissentlich verschlossen hatte, Platz zu machen. Wir ziehen hier aber auch jene Männer in Betracht, deren Spott die einzige Antwort auf die Frauenfrage ist. „Der Spott endigt, wo das Verständnis beginnt“, sagt eine Seelenkundige. Und in der That kann der Spott auf diesem Gebiete keinen anderen Ursprung, als den der vollständigsten Unkenntnis haben. Jeder Mann, und hätte er auch nur ein halbes Gewissen, müßte erschrecken, wenn man ihn durch das thatsächliche Elend, dem die Frauenbewegung entsprungen, überzeugte, daß er auf Kosten dieses Elends seinen Witz übt, daß er mit diesem Spott, den er so siegesgewiß führt, tausend Möglichkeiten tötete, die dem Hungernden Brot, dem Unglücklichen Glück, ja dem auf ehrlosen Wegen Wandelnden die Ehre hätten retten können.“ *)

Wenn in England die Männer genauer über die Frauenfrage unterrichtet sind und somit weniger aus Unkenntnis haben fehlen können, so liegt der Grund darin, daß die Frauen, besonders ihre eigenen Frauen, sie besser damit bekannt gemacht haben, daß sich überhaupt die verheirateten Frauen hier mehr für die Frage interessieren. Ich will gewiß das deutsche Familienleben nicht angreifen; es zeichnet sich in vielen Beziehungen, die ich nicht anders haben möchte, vor dem anderer Nationen aus; aber es ist auch leichter geeignet, die Frauen selbstsüchtig — oder richtiger familiensüchtig — zu machen. Das Leben der „deutschen Hausfrau“ geht so völlig in ihren eigenen Interessen und denen der Ihren auf, daß sie kaum — von rühmlichen Ausnahmen selbstverständlich abgesehen — einen Gedanken für die Mitschwestern hat, die draußen entweder im buchstäblichen Sinne oder doch geistig darben und nach einem

Inhalt für ihr Leben suchen. So versäumt sie es, ihren Mann für einen Kampf zu gewinnen, den die Frauen nur mit den Männern zusammen siegreich unternehmen können. Erst wenn — vielleicht mit dem Verlust des Versorgers — eigene Not sie treibt, kommt sie zum Nachdenken darüber, daß der Frau Wege geöffnet werden müssen, auf denen sie selbst sich das verschaffen kann, was sie braucht, und was ihr nur zu häufig niemand sonst giebt.

Es giebt sogar Fälle, in denen die Frau den Mann von einem Eintreten für die Frauenbildung direkt zurückhält. Das ist ein sehr verhängnisvoller Fehler. Es giebt für mich keinen höheren und edleren Beruf für die Frau, als den, für den Kreis der Ihrigen im rechten Sinne zu leben, und niemand in der Welt flößt mir größere und aufrichtigere Verehrung ein, als eine Mutter, die ihren Kindern alles das ist, was sie sein soll. Aber eben um meiner entschiedenen Verehrung willen für „die deutsche Hausfrau", wie sie sein soll, für die Frau, die nicht nur ihre Töchter zu erziehen, sondern auch die Interessen ihres Mannes und ihrer erwachsenen Söhne zu teilen vermag, möchte ich gegen den Aberglauben protestieren, der die Hausfrau und die wissenschaftlich gebildete Frau in Gegensatz setzt, und der einen unheilbaren Riß in das deutsche Leben zu bringen droht. Denn die Frau, die die großen Interessen ihres Mannes gar nicht versteht, ist auch nicht imstande, den Idealismus in ihm zu pflegen und zu stärken, der materiellen Vorteil um höherer Güter willen verschmäht; sie wird im Gegenteil versuchen, ihn in ihren engen Gesichtskreis hineinzuziehen.

Es heißt, das Beste an der Frau sei ganz etwas andres als das Wissen. Das ist ein sehr wahres Wort. Und wenn sie dies Beste nicht hat und hätte alle Weisheit und Erkenntnis, so wäre sie ein tönendes Erz oder eine klingende Schelle. Das Wort gilt vielleicht noch mehr von der Frau als von dem Mann. Ich gehe noch weiter: es giebt Ausnahmenaturen, denen eine Art von Intuition vielfach das Wissen zu ersetzen scheint; die aus der Tiefe ihres eigenen, reichen Innern Offen= barungen zu schöpfen scheinen, die anderen von außen her kommen müssen. Glückselig die, die mit solchen Menschen in Berührung

kommen. Solche Naturen giebt es auch unter den Männern;
ich brauche nur Pestalozzi zu nennen. Aber diese Ausnahmenaturen sind viel seltener, als man besonders in Bezug auf das
weibliche Geschlecht zugeben will, von dem man behaupten
möchte, daß es auf alles mit dieser Art von Intuition verfiele.
Für die Durchschnittsfrau ist eine gründliche Bildung, ganz
abgesehen von der bringenden Not, die sie treibt, sie zu erwerben, genau dasselbe und genau so schätzenswert wie für den
Mann. Was sie für beide bedeuten kann, vorausgesetzt, sie
besitzen das eine, was not thut, das glaube ich in diesen Seiten
zur Genüge ausgesprochen zu haben. Die irren sicher, die da
meinen, Bildung thue für den Mann alles, für die Frau nichts.

Die Furcht vor einer gründlichen Frauenbildung ist selbst
in Deutschland spezifisch modern; das Mittelalter kannte sie
nicht. Erst unsere Zeit ist die Schöpferin des „Blaustrumpfes“,
weil erst unsere Zeit den Frauen das Wissen verwehrt, dadurch
das Verlangen danach krankhaft steigert und zu allerlei Excen-
tricitäten verführt. Frauen nun, die zu einer gewissen geistigen
Indolenz neigen, bringen nur zu gern ihren Männern die Meinung bei, daß der Frau wirklich kaum Zeit bleibe zu irgend-
welchem ernsteren Studium, daß es auch kaum ratsam für sie
sei, sich damit zu befassen, und machen sie dadurch abgeneigt,
das Ihrige zu einer geistigen Befreiung des weiblichen Geschlechts beizutragen, von der sie zu glauben gelehrt sind, daß
sie es seinem eigentlichen Beruf entfremde. Seit ich die vielbeschäftigte Frau eines Geistlichen, deren Haus nie leer von
Besuchen war, die mehrere eigene und eine große Reihe von
Pflegekindern hatte und all deren Ansprüchen gerecht zu werden
wußte, jeden Mittag ihre Stunde zu ernsthafter wissenschaftlicher, nicht etwa Roman-Lektüre finden sah, seitdem weiß ich,
daß es der Hausfrau auch in unserer Zeit unter den schwierig-
sten Verhältnissen möglich ist, geistiges Leben zu pflegen, und
die Erfahrung hat mich gelehrt, daß Frauen, die unaufhörlich
auch an dem Ausbau ihrer geistigen Welt arbeiten, erst recht
geeignet sind, ihren Hausfrauen- und Hausmutterberuf im
echten Sinne zu erfüllen.

Vielleicht liegt es an all den oben erörterten Umständen, wenn wir in Deutschland noch keinen Henry Sidgwick, keinen Dr. Anstie, keinen Thomas Holloway haben!

Und doch, wenn wir auch wenig Männer nennen können, die wirklich thätig für uns eingetreten sind — einer dieser wenigen ist der Präsident Lette gewesen — so mehren sich doch schon die, die uns ihre Stimme nicht versagen würden, die gerecht genug sind, unsere Ansprüche und die Notwendigkeit ihrer endlichen Berücksichtigung anzuerkennen. Ich kann mir nicht versagen, einen derselben zu citieren, um den deutschen Frauen zu zeigen, daß wir auch in unserem Vaterland — wie das übrigens auch zur Genüge die Bewegung des vorigen Jahres zu Gunsten einer besseren Ausbildung der Lehrerinnen gezeigt hat — der Hilfe tüchtiger Männer nicht ganz entbehren.

Clemens Nohl spricht in seiner Pädagogik für höhere Lehranstalten von der absoluten Notwendigkeit, dem weiblichen Geschlecht eine tüchtige Ausbildung zu gewähren; die Mutter bedarf ihrer um der Familie willen, die Unverheiratete um sich selbst zu erhalten.

„Daß die Jungfrau nämlich bestimmt ist, Gattin und Mutter zu werden, mit diesem so verständig und natürlich klingen=den Lehrsatz verfährt die Wirklichkeit oft sehr unhöflich und rücksichtslos. Freilich hat es mit dieser „Bestimmung" seine Richtig=keit, wenn die Jungfrau einen Mann findet, der sie und eine Familie ernähren kann, der auch ihrer Achtung und Liebe würdig ist, wie sie der seinigen. Sonst sieht es mit dieser „Bestimmung" gerade aus wie mit der Bestimmung des Menschen zur Tugend, zur Gesundheit, zum Wohl=stand, zum Glück. .. Nun muß aber ein Mädchen, das die Ver=sorgung durch einen braven und wohlstehenden Mann nicht findet, ihre eigene Ernährerin werden, und da wird es wohl nicht zweifelhaft sein, daß eine gute Schulbildung dieses einsichtsvolle, oft von der unerbittlichen Not gebotene Streben in vielen Fällen in hohem Grade fördern kann. .. Und wenn der Staat und auf der Höhe ihrer Aufgabe stehende städtische Verwal=tungen schon seit Jahrhunderten für die männliche Jugend Lehranstalten, von der niedrigsten Fachschule bis hinauf zu der Universität, gegründet haben, in denen sie sich ganz oder wenigstens teilweise auf ihren künftigen

Beruf vorbereiten kann, weshalb sollte die weibliche Jugend nicht denselben Anspruch erheben dürfen?"

„Oder soll es in deutschen Landen, wo man in vergangenen Jahrhunderten den Jungfrauen und Frauen so hohe Ehren erwies, und wo das gebildete Weib immer noch das ihm gebührende Ansehen ungeschmälert genießt, gleichwohl besondere materielle und sittliche Gefahren in sich schließen, als Mädchen das Licht der Welt zu erblicken? Wenn gebildete Eltern bei ihrem Tode ihren Kindern keine Reichtümer hinterlassen können — und das ist doch die Regel — sollen dann die Töchter, welche keine eheliche Versorgung gefunden haben — und diese Fälle mehren sich von Jahr zu Jahr — bei näheren oder entfernteren Verwandten das Gnadenbrot essen? Sollen sie im stillen oder laut klagen, daß sie sich der Menschheit nicht nützlich machen können, weil diese ihre gerne geleisteten Dienste verschmäht und ihnen zur Verwertung ihrer geistigen Kräfte keine Gelegenheit geben will? Soll, weil sie nicht gelernt haben, sich geistig zu beschäftigen, die Langeweile sie gehaltloser oder gar schmutziger Romanlektüre überliefern, oder sie zu unlieblichen Klatschbasen machen? Sollen sie in der Not des Lebens Schaden an ihrer Seele nehmen und moralisch zu Grunde gehen?" . . .

„Es giebt wenige auf eine gewisse Bildung gegründete Berufsarten, in denen das Weib nicht ganz Tüchtiges leisten kann; und das Privilegium, welches das männliche Geschlecht bisher in den meisten Fächern in Anspruch nahm und z. T. noch beansprucht, ist, näher besehen, ein völlig unberechtigtes. Hier steht in erster Linie der Lehrerberuf. Seitdem Pestalozzi in der Mutter die natürliche Lehrerin und Erzieherin des Kindes entdeckt und dadurch in dieser wichtigen Thätigkeit das Weib zu hohen Ehren gebracht hat, ist die Verwendung weiblicher Lehrkräfte in Familien und Schulen auf die Tagesordnung gekommen und wird auch von derselben nicht verschwinden, bis die Parität der Geschlechter auf diesem Gebiet zur vollkommenen Durchführung gebracht ist. . . . Die Zeit ist schwerlich mehr ferne, wo man, wie auf den Lehranstalten für die männliche Jugend Lehrer, so auf denjenigen für die weibliche Jugend möglichst ausschließlich Lehrerinnen beschäftigen wird."

„Es kann schon an sich der Lehrer als Mann für die Natur und das ganze Wesen des Mädchens das Verständnis nicht haben, welches die Lehrerin als Genossin desselben Geschlechts ganz zweifellos besitzt; er wird deshalb in der Behandlung der Schülerinnen viel leichter Mißgriffe begehen als diese. Er kann ferner in Dingen, auf welche es in der weiblichen Erziehung wesentlich mit ankommt, nämlich in der Pflege des Ordnungssinnes, der Pünktlichkeit, Reinlichkeit, gefälliger Körperhaltung, des Anstandes und guter Sitte nicht annähernd die Anleitung geben und die Aufsicht üben, die sich bei der Lehrerin von selbst versteht. Auch hört beim Lehrer das in der Erziehung so wichtige Element der Vorbildlichkeit zum großen Teil auf, weil das Weib, respektive das Mädchen teilweise ganz andere Tugenden zu üben hat, als der Mann, und dieselben Tugenden beim Mann und beim Weib nicht selten ganz verschiedene Gestalten zeigen. Junge, insbesondere unverheiratete Lehrer in Klassen mit heranreifenden oder herangereiften Mädchen zu beschäftigen, hat ferner seine pädagogischen, ja sogar seine sittlichen Bedenken, die hier nicht weiter zu besprechen sind; ältere Lehrer aber entbehren leicht der Frische des Unterrichts, dessen Mädchen fast noch mehr als Knaben und Jünglinge bedürfen."

„Zwar giebt es Lehrer, die mit Schülerinnen, kleinen und großen, den richtigen Ton zu treffen wissen und an Mädchenschulen eine segensreiche Wirksamkeit üben; und andererseits giebt es Lehrerinnen, die nichts leisten und in einer geradezu verderblichen Thätigkeit stehen. Aber vielfach werden an Mädchenschulen, in denen vorzugsweise Lehrer beschäftigt sind, abgesehen von den oben bezeichneten Mängeln, die einen ihr Ansehen auf die Unerbittlichkeit der Schulzucht gründen, die häufiger Strafen nicht entbehren kann, bei der aber die weibliche Jugend noch mehr als die männliche zu verwildern pflegt, die anderen von den geriebenen Schülerinnen, meist ohne es zu ahnen, beschwindelt und gehänselt werden; während in Mädchenschulen, an welchen vorzugsweise Lehrerinnen thätig sind, vorausgesetzt, daß diese ihrem Beruf wissenschaftlich gewachsen sind, ernste Disziplinarfälle seltener sind, Unterricht und Erziehung mehr geräuschlos von statten gehen und der Verkehr der Lehrenden und Lernenden nicht selten von dem edlen Geist des Vertrauens und der Liebe getragen wird. . . .

„Daß Lehrerinnen in treuer Pflichterfüllung Lehrern nicht nachstehen, daß sie sich ebenso pünktlich in der Schule und in ihren Klassen einfinden, wie diese, sich ebenso gründlich auf ihre Lektionen vorbereiten, ebenso gewissenhaft die häuslichen Korrekturen besorgen . . . das alles kann garnicht bestritten werden. . . . Schwer ins Gewicht fällt in der Lehrerinnenfrage noch das Urteil der . . . reichsländischen ärztlichen Kommission, daß das Weib auch in physischer Ausdauer dem Manne nicht nachstehe; eine vergleichende Statistik der bei Lehrern und Lehrerinnen vorkommenden

Schulversäumnisse würde auch wohl in dieser Beziehung überraschende Resultate liefern. . . .

„Bedenken wir nun, daß in Preußen über 50 000 Elementarlehrer angestellt sind, so muß sich uns bei dem Blick auf diese ungeheure Zahl sofort die Frage aufdrängen, ob diese alle in Wirklichkeit „Berufene" sind, ob sich nicht im Gegenteil gar viele darunter finden, denen zu ihrem Stand entweder das Geschick oder die Neigung oder sogar beides fehlt. Ähnlich steht es ganz zweifellos mit einem starken Bruchteil der nach Tausenden zählenden an höheren Unterrichtsanstalten beschäftigten wissenschaftlichen Lehrer, so daß wir auch hier einer Fülle ungenügender oder gar schädlicher Erziehungs- und Unterrichtsthätigkeit begegnen müssen. Wir stehen hier vor Thatsachen und Einrichtungen, die widersinniger garnicht gedacht werden können. Weil aus dem männlichen Geschlecht die für den Schuldienst tauglichen Personen in genügender Anzahl nicht beschafft werden können, . . . so greift man, um die vorhandenen Stellen alle zu besetzen, zu untauglichen. Und doch könnten aus dem weiblichen Geschlecht, dem das Geschick und die Gabe, mit der Jugend zu verkehren, sichtbarlich in mindestens demselben Grade angeboren ist wie dem männlichen, Tausende von brauchbaren Lehrerinnen und Erzieherinnen herangebildet und mit diesen jene Lücken in natürlichster Weise ausgefüllt werden; aber man schließt sie zu gunsten unbrauchbarer Lehrer noch vielfach vom Unterricht selbst an Mädchenschulen aus."

„Diese empörende Ungerechtigkeit, diese geradezu rohe und plumpe Bevorzugung des starken Geschlechts vor dem schwachen war noch allenfalls zu erklären zu einer Zeit, wo man von der Brauchbarkeit des weiblichen Geschlechts für das Unterrichtsfach noch keine sicheren Proben hatte und noch nicht eine Menge gesitteter Mädchen in die unerbittliche Notwendigkeit versetzt waren, sich mit irgend einer Fertigkeit oder Kunst ehrlich und anständig durch das Leben zu schlagen. Nachdem aber jene Brauchbarkeit seit Jahren und an einer nicht mehr kleinen Anzahl von Lehranstalten zweifellos nachgewiesen ist und selbst die eigensinnigste Dummheit an die eben besagte Notwendigkeit zu glauben beginnt, werden und müssen Staat und Städte sich endlich dazu verstehen die beiden Geschlechter in dieser Frage mit vollkommen gleichem Maß zu messen. . . . Auf den untersten Klassen der Volksschulen, in welchen ohne Bedenken Knaben und Mädchen gemeinsam unterrichtet werden können, sind Lehrerinnen wie Lehrer anzustellen; nicht das Geschlecht, sondern die Brauchbar-

keit muß hier entscheiden. Auf den mittleren und oberen Klassen
der Volksschule sind mehr als bisher die Geschlechter zu trennen und die
Mädchenklassen Lehrerinnen zu übergeben. Auf mittleren und
höheren Mädchenschulen selbst in den oberen Klassen ist da, wo
brauchbare Lehrerinnen beschafft werden können, von der
Anstellung von Lehrern, selbst der brauchbarsten, abzusehen,
und sind die letzteren den Unterrichtsanstalten für die männliche Jugend
zu überlassen, damit sie hier an die Stelle der unbrauchbaren treten, die
sich auf ganz anderen Arbeitsstätten nützlich machen sollen und meistens
auch können.... Die gesteigerte Verwendung weiblicher Lehr=
kräfte in der hier gegebenen Weise würde demnach nicht bloß
Tausenden von talentvollen, strebsamen Jungfrauen, die
der materiellen Versorgung entbehren, Gelegenheit geben,
dieselben in einer ihren Anlagen und Kräften entsprechen=
den Berufsthätigkeit zu finden, sondern sie würde den ge=
samten Unterricht in den niederen und höheren Lehranstal=
ten in seiner Qualität aufs unzweifelhafteste verbessern."...

„Aber es giebt noch andere Berufszweige, in welchen
das weibliche Geschlecht dem männlichen vollkommen eben=
bürtig ist; zu denselben gehört u. a. ein Teil des Post=,
Telegraphie= und Eisenbahndienstes. Es wird zwar behauptet,
daß die in diesen Beschäftigungen mit Damen gemachten Versuche keine
günstigen Resultate geliefert hätten, und daß die Herren Chefs des
Eisenbahn= und des Post= und Telegraphenwesens infolgedessen keine
Freunde der Verwendung weiblicher Kräfte in ihren Ressorts wären.
Sollte dieses letztere der Fall sein, so läge trotz der hohen Verdienste,
welche diese Männer sich in ihren Verwaltungsgebieten erworben haben,
doch die Frage nahe, ob die in diesem Punkt angestellten Versuche wirk=
lich in voller Objektivität und ohne Übereilung stattgefunden haben, und
ob die hohen Herren sich nicht von Vorurteilen leiten lassen... Oder
sind die Frauen in anderen Ländern, z. B. in Frankreich und
Belgien, wo man sie in großer Zahl auf den verschiedensten
Vertrauensposten finden kann, klüger und zuverlässiger als
bei uns? ....

„Wenn in dem Bisherigen schon wiederholt behauptet werden konnte,
daß gewisse Gebiete menschlicher Thätigkeit durch Verwendung auch weib=
licher Arbeitskräfte auf denselben gewinnen werden, so müssen wir nun=
mehr der Überzeugung Ausdruck geben, daß eine gehobene Bildung
des weiblichen Geschlechts und eine dadurch gemehrte Befä=

higung desselben zur Teilnahme an der großen Kultur=
thätigkeit unserer Zeit auf die gesamte Menschheit befreiend,
erleuchtend, auf dem Gebiet der Religion, der Sittlichkeit,
selbst des sozialen und politischen Lebens bessernd und för=
dernd wirken wird. . . . Die großen und kleinen Kulturaufgaben
komplizieren und mehren sich; bisher hat nur die halbe Menschheit, die
männliche, an ihrer Lösung gearbeitet; dieselbe mußte daher vielfach eine
einseitige, eine unbefriedigende sein; es ist Zeit, daß man auch die andere
Hälfte, das in geistigen Anlagen dem männlichen ebenbürtige und das=
selbe notwendig ergänzende weibliche Geschlecht an dieser Lösung mit=
beteiligt."*)

Dank und Ehre dem Mann, der Idealität genug besitzt,
dem kleinen, eigenen Vorteil entgegen so der Wahrheit die Ehre
zu geben!

Ich habe mit Absicht so ausführlich citiert, da eine bessere
Darlegung der Sachlage nicht denkbar ist und da sie aus der
Feder eines Mannes doppelt wichtig erscheint. Es ist mir schwer
geworden, nicht auch noch die Ausführungen über den letzten
Punkt, die Kulturarbeit der Frau, herzusetzen; ich verweise aber
auf die Arbeiten Nohls selbst, die in allen ihren Teilen in ihrer
Klarheit und unerschrockenen Wahrheitsliebe ihrem Verfasser zur
höchsten Ehre gereichen und bei der immer dringender werden=
den Schulreform die größte Berücksichtigung zu erfahren ver=
dienten.**)

Wenn sich nun trotz einzelner Stimmen zu unseren Gunsten
nicht leugnen läßt, daß an dem Stande der Frauenfrage in
Deutschland die Männer viel Schuld tragen, daß sie vielfach
aus Vorurteil, aus Konkurrenzbesorgnis oder auch aus Un=
kenntnis und Gleichgültigkeit den Frauen die Wege noch gewalt=
sam versperren, so ist andrerseits unbestreitbar, daß an diesem

---

*) Pädagogik für höhere Lehranstalten von Clemens Nohl, I. Teil, S. 149 ff.
Gera, Hofmann.

**) Es sind bis jetzt 3 Teile seiner Pädagogik erschienen: I. Teil: Die
Lehranstalten; II. Teil: Die Methodik der einzelnen Unterrichtsgegenstände;
III. Teil: Die Vorbildung wissenschaftlicher Lehrer auf ihren Beruf. Gera,
Theodor Hofmann.

Verhalten der Männer wir Frauen vielfach selbst Schuld sind. Der Unterlassungs= und Begehungssünden vieler verheirateter Frauen ist schon gedacht; es ist zu hoffen, daß darin schon die nächste Zukunft eine Änderung bringt, da die jetzige Generation schon vor der Heirat die Frage vielfach erörtern hören und vielleicht aus eigenster trüber Erfahrung kennen lernen wird. Bis jetzt ist es immer noch eine im Verhältnis zur Bevölkerung geringe Zahl deutscher Frauen, die sich nicht irre machen läßt in Bezug auf das zu erreichende Ziel; viele, sehr viele von denen, die wohl etwas erreichen möchten, scheuen entweder die Mittel, oder sie glauben auf halbem Wege stehen bleiben zu müssen; einzelne schweigen auch aus Furcht, das Mißfallen der Männer zu erregen. Aber wer sich scheut zu mißfallen, wird niemals Reformen durchsetzen können.

Ich bin nun gewiß die letzte, die ihrem gedrückten, zagenden Geschlecht Mangel an Selbstvertrauen*) und Konsequenz übelnimmt; wird es doch dem Mann oft schwer, seine Gedanken zu Ende zu denken, wie viel mehr der Frau unter diesen Umständen. Die Zeit wird da allmählich Wandel schaffen, den Gesichtskreis erweitern und die Zagenden stärken. Wenn aber der Mangel an Selbstvertrauen oder die Kurzsichtigkeit in Form eines öffentlichen Protestes auftritt, wie das bei der vorjährigen Bewegung zur Hebung der Lehrerinnenbildung mehrfach geschah, so erfordert doch das Interesse der Sache eine Abwehr. Manche Dinge zwar, wie die Anwendung des biblischen Spruches: „Er soll Dein Herr sein" auf die Schule (wie mögen sich nur die Privatschulvorsteherinnen mit ihrem Gewissen abfinden!), richten sich von selbst; in dem trefflichen kleinen Artikel von A. Klapp (Lehrerin, Heft 24, IV. Jahrg.), der die weiteren Konsequenzen für Frauen, die sich etwa Diener halten oder für die Mütter

---

*) Zu bedauern ist freilich, daß die Zaghaftigkeit so weit geht, daß selbst gegen eine öffentliche Herabsetzung unseres Geschlechts, wie sie, leider von Frauenseite! auf der Eisenacher Versammlung (1. bis 4. Oktober 1888) vorgenommen worden ist, sich unter den anwesenden Lehrerinnen trotz ihrer entschiedenen Mißbilligung kein sofortiger Protest erhob.

erwachsener Söhne darlegt, hat diese Ansicht überdies, wie früher
schon durch Frau Loeper=Houselle ihre gebührende Abfertigung
gefunden. Und wenn es Lehrerinnen giebt, die eine gründ=
liche Bildung, wie ich sie für sie verlangt habe, auch heute
noch für verwerflich und bedenklich halten, so, meine ich, richtet
sich das auch von selbst, troß des „brava!" der „grünen
Blätter."

Auch die Proteste im Namen der Weiblichkeit lassen mir
ein völlig gutes Gewissen. Weiblichkeit! Schönes, gemißhandeltes
Wort! Was liegt nicht alles darin: Liebe, Vertrauen, Idealis=
mus, Opfermut und Seelengröße! Und was möchte man damit
verbinden? Zimperlichkeit und Unnatur.

Wenn Frauen vor den ungewohnten Aufgaben zagen, die
unsere Zeit an sie stellt, so ist ihnen das, wie gesagt, in keiner
Weise übelzunehmen, aber die sich ihnen nicht gewachsen fühlen,
sollten doch, wenn überhaupt geschrieben werden muß, nur im
Namen der eigenen Unfähigkeit schreiben, und nicht durch ihre
Bemerkungen, die, wenn überhaupt, so doch nur für die jetzige
Ausbildung der Frauen Gültigkeit haben, den entschiedenen
Gegnern unserer Sache in die Hände arbeiten. Gottlob, daß ich
ihnen das mutige Wort Helene Adelmanns entgegenhalten
kann: „Ich fühle, wenn ich meine ganze Energie als Lehrerin
auf ein Fach konzentrieren dürfte, daß ich es in meinem Fache
mit jedem Manne aufnehmen könnte. Wer es nicht fühlt, daß
er so das Tüchtigste leisten könnte, nun, der spreche anderen
die Kraft dazu nicht ab, so lange diese anderen in den Grenzen
echter Weiblichkeit bleiben." Hier rufen wir: brava!

Aber auf einen anderen Vorwurf, der mir öffentlich ge=
macht worden ist, glaube ich, antworten zu müssen. Man hat
mir Mangel an Dankbarkeit vorgeworfen.

Dankbarkeit? — Ich bin so gern dankbar. Aber ich ge=
stehe, ich weiß nicht recht, wofür ich es sein soll. Wir verdanken
den Männern alles, wird mir gesagt. Wenn wir rechnen wollen,
so ließe sich wohl auch allerlei nach der anderen Seite anführen.
Frauensorge und Liebe umgiebt den Mann von der Wiege bis
zum Grabe; sie schafft ihm das Behagen und die Muße, deren

er zu freiem geistigen Schaffen bedarf. Von Anbeginn der Welt haben die Frauen für die Männer gesorgt, sie kleinlicher materieller Sorgen enthoben, in alten Zeiten die härtesten Sklavendienste für sie geleistet und ein sprüchwörtlich gewordenes Märtyrertum getragen. Aber wenn dem so war, so ist es selbstverständlich, daß wir den Zustand historisch werden begreifen müssen. Wie ist das so gekommen? Die natürliche Neigung reicht nicht aus zur Erklärung; das Altertum zeigt einen Zustand so entschiedener Barbarei, daß nicht der geringste Zweifel bestehen kann, daß das Recht des Stärkeren Ausgangspunkt für die Gestaltung der Dinge gewesen ist. Mit diesem Recht zwang der Mann die Frau zu Diensten, wie sie ihm genehm waren. Aber er gab ihr ein Äquivalent dafür: er versorgte sie als Vater, Gatte, Bruder. Und die Zeiten waren so rauh, die Sitten so roh, daß wir uns die Existenz der Frau ohne einen persönlichen Schutzherrn und Versorger gar nicht vorstellen können. Daß der Mann aus dieser Versorgung das Recht der Bevormundung ableitete, war wohl natürlich; Gründe höherer Art, die ihn hätten hindern können, eine solche in letzter Instanz doch wieder nur auf das Recht des Stärkeren zurückzuführende Bevormundung auszuüben, konnten jene Zeiten brutaler Kraft nicht kennen. Es scheint nun dieser Entwicklung der Dinge zu entsprechen, daß mit der Versorgung auch die Bevormundung aufhört. Wenn nun gegenwärtig eine so große Zahl deutscher Frauen auf Selbsterhaltung angewiesen ist, so scheint es durchaus unbillig, daß der Mann, der ihnen gegenüber nicht mehr als Versorger auftritt, der ihnen keinen Schutz vor Not gewährt, doch eine Bevormundung in Bezug auf Studium und Berufsthätigkeit dieser Frauen ausüben will, deren Konsequenzen die nicht durch ihn versorgte Frau hindern, sich selbst in der Weise zu erhalten, die ihren Wünschen und ihren Fähigkeiten vielleicht entspricht. Er schneidet ihr eine Bildung zu, wie sie seiner Ansicht nach für sie passend ist; eine Bildung, die aber ihren eigenen Ansprüchen und ihren eigenen Bedürfnissen keineswegs mehr entspricht. Ich kann beim besten Willen darin einen Grund zur Dankbarkeit nicht sehen.

Aber gern und von Herzen will ich den Männern dankbar sein, die den Frauen helfen, die Freiheit der Bildung zu erlangen, die rechtliche und ideale Erwägungen ihr zu geben veranlassen sollten. Der Ausgangspunkt für die Gestaltung der Dinge, wie sie sind, war, wie oben erörtert, die physische Überlegenheit des Mannes. Genau in demselben Maße nun, in dem die Achtung vor physischer Überlegenheit schwindet, die Achtung moralischer Eigenschaften steigt, genau in demselben Maße giebt überall der Mann das mit seiner physischen Überlegenheit zusammenhängende Vormundschaftsrecht freiwillig wieder auf, denn zwingen kann ihn dazu selbstverständlich nichts als eben diese Achtung. Und ich meine, die deutschen Frauen verdienten die eben so gut als die der anderen Nationen. Niemand ist auch eifriger die Frau zu preisen, als der deutsche Mann, von Walther von der Vogelweide an bis in die neueste Zeit. Aber ich meine, es sei an der Zeit, diese Achtung durch Handlungen zu beweisen. Der Knabe, der, zum Manne gereift, sich der unendlichen Liebe und Sorge erinnert, mit der seine Mutter ihn gehegt, sollte seinen Dank damit abtragen, daß er ihrem Geschlecht zu der Stellung verhilft, zu der es ein Recht hat. Es wäre doch vielleicht jetzt den Frauen die geistige Reife zuzutrauen, die nötig ist, um selbst zu entscheiden, was gut für sie ist. Und wenn sie nach ausreichender geistiger Nahrung, nach zweckvoller Arbeit verlangen, so sollte man sie ihnen nicht hartnäckig verweigern. Wenn ein Stamm von Wilden den Grad von Intelligenz zeigte, der jetzt in den deutschen Frauen verkörpert ist, würden ihm die Männer nicht auf das Bereitwilligste ihre Hochschulen öffnen? würde nicht jeder deutsche Professor gern das Seine thun, um dem „höchst bildungsfähigen Stamm" die Kultur zugänglich zu machen, nach der er verlangt? Würde der Fall denkbar sein, daß dieser Stamm immer wieder vergeblich um Zulassung zu europäischer Bildung petitionierte und mit Spott zurückgewiesen würde? Jeder gebildete Mann würde das für eine erbärmliche Engherzigkeit erklären und sich eines solchen Betragens schämen. Und doch befolgt man genau dies Verfahren den deutschen Frauen gegenüber, weil sie eben Frauen sind, aus keinem andren Grunde. Warum also sollen sie ein so tiefes Dankgefühl gegen die deutschen Männer hegen, daß sie an den von ihnen gemachten Einrichtungen nicht Kritik zu üben wagten?

Aber zurück zu den Frauen. Wenn bei der öffentlichen Diskussion der immer bringender werdenden Frauenfrage sich auch herausstellt, daß es unter den Frauen selbst der Lauen und Halben, der Kurzsichtigen und Ängstlichen noch viele giebt in Deutschland, daß es noch an einem festen Zusammenschließen fehlt, wie es anderwärts zu Erfolgen geführt hat, so wäre es doch ungerecht, nicht freudig anzuerkennen, daß die Zahl der innerlich selbständigen, wohl im echten Sinne weiblichen, aber doch zielbewußten und konsequent denkenden Frauen in stetem Wachsen begriffen ist. Und es ist kein Zweifel, daß diese Frauen später einmal bei ihrem jetzt noch zweifelnden und zagenden, der eigenen Kraft noch nicht bewußten Geschlecht das rechte Verständnis finden werden. Das muß der Trost dieser Pioniere sein. Und wie gern, wie freudig ist man Pionier für eine so große und lautere Sache, wie die geistige Hebung und Befreiung eines ganzen Geschlechts. Diese Freudigkeit hilft sogar über das niederdrückende Bewußtsein hinweg, daß diese Pionierarbeit nun schon von tapferen Vorgängerinnen seit 25 Jahren gethan worden ist, ohne daß große Resultate aufzuweisen wären wie in andern Ländern; sie hilft auch über ein wenig persönliche Verkennung fort; weiß man doch, wofür man sie trägt.

Aber man hat geglaubt, die deutsche Nation vor diesen Pionieren warnen zu müssen: „Diese Frauen", heißt es, „wollen eine totale Umwälzung der sozialen Stellung der gebildeten Frau bezwecken."

Was heißt das eigentlich? Sollen wir unter sozialer Stellung die Stellung der Frau zur menschlichen Gesellschaft, zum Berufsleben überhaupt verstehen, so ist es vollkommen richtig, wir wollen versuchen, mit Hilfe tüchtiger Männer eine Veränderung der sozialen Stellung der Frau herbeizuführen.

Wir wünschen der Frau dieselbe Freiheit für ihre geistige Ausbildung zu sichern wie dem Mann, und damit wird allerdings
allmählich eine kleine Verschiebung im Berufsleben stattfinden,
insofern an die Stelle einzelner unfähiger Männer einzelne
fähigere Frauen treten. Denn die Befähigungsfrage haben wir
immer vorangestellt, da sie allein im Kampfe entscheiden kann.
Die fähigen Männer haben daher nichts zu fürchten; eine
Warnung vor unsrem Beginnen kann somit nur eine Konsequenz
aus leicht zu erratenden Prämissen sein.

Soll aber unter sozialer Stellung die Stellung der Frau
zum Manne, zu ihrem Manne, verstanden sein, so ist für diese
nicht das Geringste aus einer Hebung der Fähigkeiten und der
äußeren Stellung der Frau zu befürchten; denn die Stellung
der Frau zu ihrem Manne ist überhaupt nicht von seiner Superiorität abhängig. Die innere Superiorität ist durchaus nicht
immer auf seiten des Mannes; bei den niederen Ständen, wo
die Ausbildung der Geschlechter gleich ist, nicht einmal die
intellektuelle. Wenn trotzdem die Frau dem Manne sein
Leben hindurch all die unzähligen Dienste leistet, die ihm das
Dasein angenehm und behaglich machen, wenn ihr Leben „ein
ewiges Gehen und Kommen, oder ein Heben und Tragen, Be-
reiten und Schaffen für andere" ist, wenn „sie sich ganz vergißt,
und leben mag nur in andern", so ist das, weil sie die Liebe
und das tiefste Bedürfnis ihrer Natur dazu treibt, und das
wird sich immer gleich bleiben, ob sie nun in ihren Mußestunden die Marlitt oder den Sophokles liest, oder ich müßte
mich auf die Frauennatur schlecht verstehen. Wo freilich noch
Reste der alten Unterdrückung vorhanden sind, wo der Frau
noch unter gesetzlichem Schutz allerlei Unwürdigkeiten geboten
werden dürfen, da thut sie ganz recht, wenn sie versucht Abhilfe
zu erlangen, und es ist zu hoffen, daß sie bei der in Aussicht
stehenden Reform auf dem Gebiete des bürgerlichen Rechts die
Hilfe hochgesinnter Männer findet, soweit es sich darum handelt,
ihr den gesetzlichen Schutz zu sichern, dessen sie gegen den möglichen Mißbrauch der Gewalt seitens des eigenen Mannes bedarf.
Der bessere Teil aber des ehelichen Verhältnisses, wie es sich

jetzt in allen Kulturländern gestaltet hat, ist auf Neigung und auf Natur gegründet und eben darum vor jedem „Emanzipations= versuch" sicher. Diese Versuche richten sich immer nur darauf, die Schranken zu durchbrechen, die der geistigen Ausbildung und der Erwerbsfähigkeit der Frau gezogen sind, nicht auf eine Änderung der Stellung der verheirateten Frau in der Familie. Den Pflichten, deren Erfüllung diese Stellung naturgemäß von der Frau fordert, werden sich nur rohe Naturen entziehen wollen; sie werden dazu nie die Unterstützung der echten Frau finden. Nie wird diese auch daran denken, dem Mann zu ver= sagen, womit die Liebe ihn von jeher versorgt und vielleicht auch verwöhnt hat; nur muß der Mann nicht glauben, als schuldigen Tribut seiner vermeintlichen Superiorität einfordern zu können, was ihm nur die Liebe, die aber auch voll und für alle Zeit gewährt.

Und wo soll nun diese Bewegung ein Ende finden? — Genau da, wo die Natur der Dinge und die Natur des Weibes es gebieten. Glaube doch niemand, eher ein Halt gebieten zu können, und glaube doch auch niemand, daß Gefahren vor= liegen können, wenn man einfach die Natur sprechen läßt; sie selbst wird zur Zurücknahme etwaiger Mißgriffe zwingen. Die Zukunft wird sich nach der Mündigsprechung der Frau aller Wahrscheinlichkeit nach in Deutschland so gestalten. Nach wie vor wird der größere Teil der Frauen der Aufgabe leben, den Ihrigen ein glückliches, gemütvolles Heim zu schaffen; es ist die Natur, die dafür garantiert. Wenn späterhin ein Teil der verheirateten Frauen, die eben Lust und äußere Umstände dazu trieben, ernstere Studien gemacht haben werden als bisher, viel= leicht in der Voraussetzung der Notwendigkeit beruflicher Ver= wertung derselben, so werden sie, auch wenn diese Notwendigkeit wegfällt, mit der ideellen Verzinsung ihrer Arbeit wohl zufrieden sein dürfen; das tiefere Verständnis von Interessen, die sie sonst nur mit ihren Sympathien begleiten konnten, weil etwa geliebte Menschen sie verfolgten, der größere Gesichtskreis, die wirkliche Einsicht in Ziele und Bestrebungen von Mann und Söhnen kann dem häuslichen Leben nur zu gute kommen. Von den

unverheirateten Frauen werden zum Teil dieselben Erwerbs=
zweige ergriffen werden, wie heutzutage; dazu aber werden ein
paar neue gekommen sein, die denen, deren Anlagen ihnen eine
Konkurrenz mit dem Mann ermöglichen, die gleiche innerlich
befriedigende, äußerlich angesehene und materiell lohnende Stel=
lung gewähren wie ihm. Unter den gelehrten Berufen werden
es vorzüglich der ärztliche und der wissenschaftliche Lehrberuf sein.
Die Möglichkeit, durch eigene Kraft zu gesicherter, lohnender,
selbständiger Stellung zu gelangen, wird ohne Zweifel viele Ehen
verhindern, die jetzt aus Furcht vor Mangel oder weil die Ehe=
losigkeit als ein Schimpf gilt, geschlossen werden, die also auf
unsittlichem Grunde ruhen. Auch von dieser Seite gesehen, wird
also das eheliche und das Familienleben nur gewinnen; wie
auch der Umstand, daß den Töchtern des Hauses in der Schule
durchweg Frauenleitung und =Einfluß zu Teil werden könnte,
dem Familienleben indirekt zu gute kommen müßte.

So stellt sich dem unbefangenen Auge die Zukunft dar, nicht
als das Zerrbild einer verkehrten Welt, in der Cigaretten und
zerrissene Kleider als Attribute der Frauen so gern vorgeführt
werden. Ein Stück freilich von diesem Zerrbild könnte leicht
verwirklicht werden, wenn der Widerstand gegen die notwendig
gewordene Entwicklung noch lange fortgesetzt wird. Denn je
länger und gewaltsamer ein von der Natur Gewolltes in seiner
Entwicklung gehemmt wird, um so bedenklicher und besorgnis=
erregender werden die Afterbildungen sein, die der empor=
schießende Saft nach falscher Richtung hin treibt. Das Frauen=
leben in Deutschland ist ein innerlich gesundes; wird ihm aber
noch lange die notwendig gewordene Freiheit der Entwicklung
versagt, so können die Folgen nicht ausbleiben; sie werden viel
gefährlicher sein als die Folgen der „Emanzipation"; ein Wort,
das zu einem wahren Schreckgespenst geworden. Es geht aber
damit, wie mit den meisten Gespenstern; sieht man genau hin,
so ist es nur ein Nebelstreif. Das zeigen die Vorgänge in an=
dern Ländern. In den meisten derselben ist den Frauen nach
kurzem Kampf Freiheit der Entwicklung gewährt worden; mit
dem Kampf verschwanden auch die unangenehmen Emanzipa=

tionserscheinungen, die immer nur eine Folge unberechtigter Opposition gewesen sind, und was einem in England z. B. am allermeisten auffällt, ist das durchaus Weibliche der Frauen, die in der Mitte der Bewegung und in „männlichen" Berufen stehen. In Deutschland wird die starke Opposition auch gelegentlich unangenehme Resultate zeitigen. Bis jetzt haben nur wenig deutsche Frauen sich irgendwo im Auslande eine tiefere Bildung erworben; wollen sie sie im Inlande verwerten, so stoßen sie auf die größten Schwierigkeiten; sie haben einen aufreibenden Kampf mit Übelwollen und Vorurteilen zu bestehen, und wenn das auch bei manchen ohne jede Schädigung ihrer weiblichen Eigenschaften geschehen ist — wir in Berlin haben alle Ursache stolz zu sein auf die Vertreterinnen unseres Geschlechts, die hier in sogenannten männlichen Berufen stehen — so zeigt sich doch bei anderen ein unangenehmes Bewußtsein der Ausnahmestellung, die sie nur durch Aufbietung großer Energie und nach Beseitigung vieler Hindernisse haben erringen können. Sie sind Phänomena und fühlen sich als solche. Der Kampf, den sie haben bestehen müssen, ist manchmal in ihrem Auftreten zu spüren. Das machen sich selbstverständlich die Gegner der Frauenbewegung zu nutze. Aber das ist eine einfache Kinderkrankheit. Wie den Deutschen augenblicklich das lange schmerzlich entbehrte Bewußtsein, eine Nation zu sein, zu mancherlei Übertreibungen führt, so wird vielleicht im Anfang das Bewußtsein, dies oder jenes Examen gemacht zu haben, sich im Auftreten mancher Frauen unangenehm fühlbar machen. Bei ihrem so stark geförderten Autoritätsglauben haben sie vor allem, was bis jetzt ausschließlich Männer leisten konnten, eine so weitgehende Hochachtung, daß die gleiche Leistung in ihnen leicht ein übermäßiges Selbstgefühl weckt. Aber solche Regungen werden schnell verschwinden, wenn das Erreichte nichts Außergewöhnliches mehr ist. Will man die Pocken vermeiden, so darf man das Impffieber nicht scheuen. Will man schwere soziale Schäden verhüten, will man verhüten, daß der geistige Riß, der jetzt durch die Männer= und Frauenwelt in Deutschland geht und ein gegenseitiges Verständnis erschwert, unausfüll-

bar werde, so muß man ein wenig kindisches Gebahren, das
auf Rechnung der bisherigen geistigen Unmündigkeit kommt,
für den Anfang mit in den Kauf nehmen. Die aber von ernsten
Gefahren für die deutsche Familie sprechen, die angeblich aus
einer Veränderung der sozialen Stellung der Frau erwachsen
sollen, die kennen entweder die Frau gar nicht, oder aber sie
nehmen dergleichen Redensarten mit vollem Bewußtsein zum
Deckmantel für anderweitige Beweggründe.

Ein Gleiches gilt von denen, die auf schwere Gefahren hin=
weisen, die angeblich der leiblichen Gesundheit der Frauen durch
eine Erweiterung ihrer Berufssphäre drohen. In einem längeren
Artikel der Kölnischen Zeitung vom 14. Oktober 1888, der sich im
übrigen in seiner nicht eben feinen Auffassung und Gesinnung der
Notiznahme entzieht, findet sich ein, leider auch von einem Ber=
liner Blatt mit einer lobenden Bemerkung abgedruckter Passus,
in welchem die Behauptung aufgestellt wird, in der Stadt
Berlin schleiche eine große Anzahl „müder Greisinnen von kaum
30 Jahren" umher, die in dem Bestreben, sich männliche Bildung
anzueignen, alle Frische des Gefühls, alles weibliche Empfinden
neben der Gesundheit des Körpers eingebüßt haben. „Der
wahrhaft gebildete Mann weicht ihnen aus, der ungebildete flieht
sie (daß auch das ein schwerwiegendes Argument sein soll, er=
scheint recht sonderbar. D. V.), und das gesunde, natürliche
Weib vermeidet ihren Umgang. So stehen diese Mädchen als
Zwitterbildungen zwischen den Geschlechtern" 2c.

Bei der ersten Lektüre ist man geneigt, über den Unsinn
herzlich zu lachen, besonders wenn man selbst in Berlin lebt und
vergebens nach den umherwankenden Greisinnen von kaum
30 Jahren ausschaut. Das heißt: doch nicht vergebens. Wir
sehen genug solcher Greisinnen, blasse, hohlwangige Näherinnen
und Fabrikmädchen, arme Arbeiterfrauen mit abgezehrten Kindern
an der Hand; wir werden durch sie auf Schritt und Tritt an
eine abzutragende Schuld der Gesellschaft gemahnt. Wir sehen
deren auch unter den reichen Frauen, die ihren Tag in öden
Vergnügungen vertändeln, deren Kopf leer, deren Herz tot ist.
Unter den geistig Arbeitenden sind mir persönlich keine solchen

„Greifinnen" bekannt. Aber darum will ich nicht leugnen, daß es unter den heutigen Verhältnissen deren geben mag. Da könnte man wohl zunächst fragen, ob die Frauen ihre Gesund= heit nicht genau mit demselben Recht in einem sie geistig be= friedigenden und lohnenden Beruf ruinieren dürfen wie als Näherin oder Fabrikarbeiterin oder im Strudel der Gesellschaft? Aber es giebt noch ganz anderes zu erwidern. Wenn sie ihre Gesundheit ruinieren, was ist schuld daran, als der Umstand, daß sie zu verzehnfachter Arbeit gezwungen werden, da ihnen die Hilfe abgeschnitten ist, die dem Mann gewährt wird? Wenn sie, wie der Verfasser jenes nicht eben von viel Herz zeugenden Artikels behauptet, ihren Kopf mit Thatsachen aus allen möglichen Wissenschaften angefüllt haben, „ohne auf irgend einem Gebiet den verbindenden Faden gefunden zu haben," was ist schuld daran, als daß man ihnen die An= leitung versagt und sie auf unzureichende Mittel beschränkt? Wie schwer es ist „den verbindenden Faden" zu finden, selbst wenn man solche Anleitung genossen, zeigt der fragliche Artikel selbst, der primäre und sekundäre Ursachen nicht auseinander zu halten vermag. Wenn die „verbitterten" Frauen, auf die der Verfasser mit solchem Pharisäertum herabblickt, „innerlich tief unglücklich" werden, so liegt das nicht an ihrem geistigen Streben, — ihr Streben ist so hoch und rein wie das des Mannes — sondern an dem Umstand, daß sie überall abgewiesen werden mit ihrem Anspruch auf Arbeit, auf zweckvolle Arbeit; nicht einmal für die Erziehung und Belehrung ihres eigenen Ge= schlechts kommen sie in erster Linie in Betracht. Kein Wunder, wenn sie verbittert werden. Verbittern thut nur eins: die Be= rufslosigkeit, das vergebliche Streben zu wirken und zu nützen.

Wir alle aber, denen die gütige Natur die Zähigkeit verlie= hen hat, auszuharren im Kampf mit den Verhältnissen, die wir mitten in einem schönen, unser ganzes Herz ausfüllenden Berufs= leben stehen, wir wollen nicht aufhören, für unsere „verbitterten" Mitschwestern zu kämpfen, auf die auch nur der ungebildete Mann mit Spott herabsieht. Wer nichts für sich selbst will, darf alles sagen und alles fordern.

Ich bin vorläufig zu Ende mit dem, was ich auf dem Herzen hatte. Ich habe es einfach und ohne Umschweife ausgesprochen, da mir völlig die Fähigkeit abgeht, Arabesken um meine Gedanken zu ziehen. Ich habe nur den Wunsch, daß meine Worte so aufrichtig und ehrlich aufgenommen werden, wie sie gemeint sind, daß sie vor allen Dingen vorurteilslos geprüft werden. Das zwar weiß ich, daß diejenigen, die jede Veränderung zu fürchten Ursache haben, da sie sich ihr nicht gewachsen fühlen, gegen das, was ich gesagt habe, aus allen Kräften protestieren werden im Namen der guten alten Zeit, der Familie, vielleicht auch der deutschen Wissenschaft. Ich aber wende mich an das Gerechtigkeitsgefühl und die gesunde Vernunft aller selbständig denkenden deutschen Männer! Ich rufe ihnen zum Schluß das Wort Ludwig Schwerin's zu: „Die Beschränktheit, in die man das sogenannte schwache Geschlecht gebannt, ist ein von den Altvordern ererbtes Vorurteil, ist Menschensatzung, physiologisch und psychologisch unbegründet, ein Gemisch heidnisch antiker und christlich scholastischer Weltanschauung. An diesem dem Weibe zugefügten Unrecht nun zieht ein Geschlecht nach dem andern vorüber, sorglos, unbekümmert. Das weiblich Hohe und Zarte wird und kann durch echte, wahre Bildung keinen Schaden leiden."

Druck von G. Bernstein in Berlin.

www.ingramcontent.com/pod-product-compliance
Lightning Source LLC
Chambersburg PA
CBHW030336270326
41926CB00010B/1644